von Marcel
26.3.06

Karl Martin Tanner
Augen-Blicke

Quellen und Forschungen zur Geschichte und Landeskunde
des Kantons Basel-Landschaft, Band 68

Für Monika, Regina, Niklaus und Simon

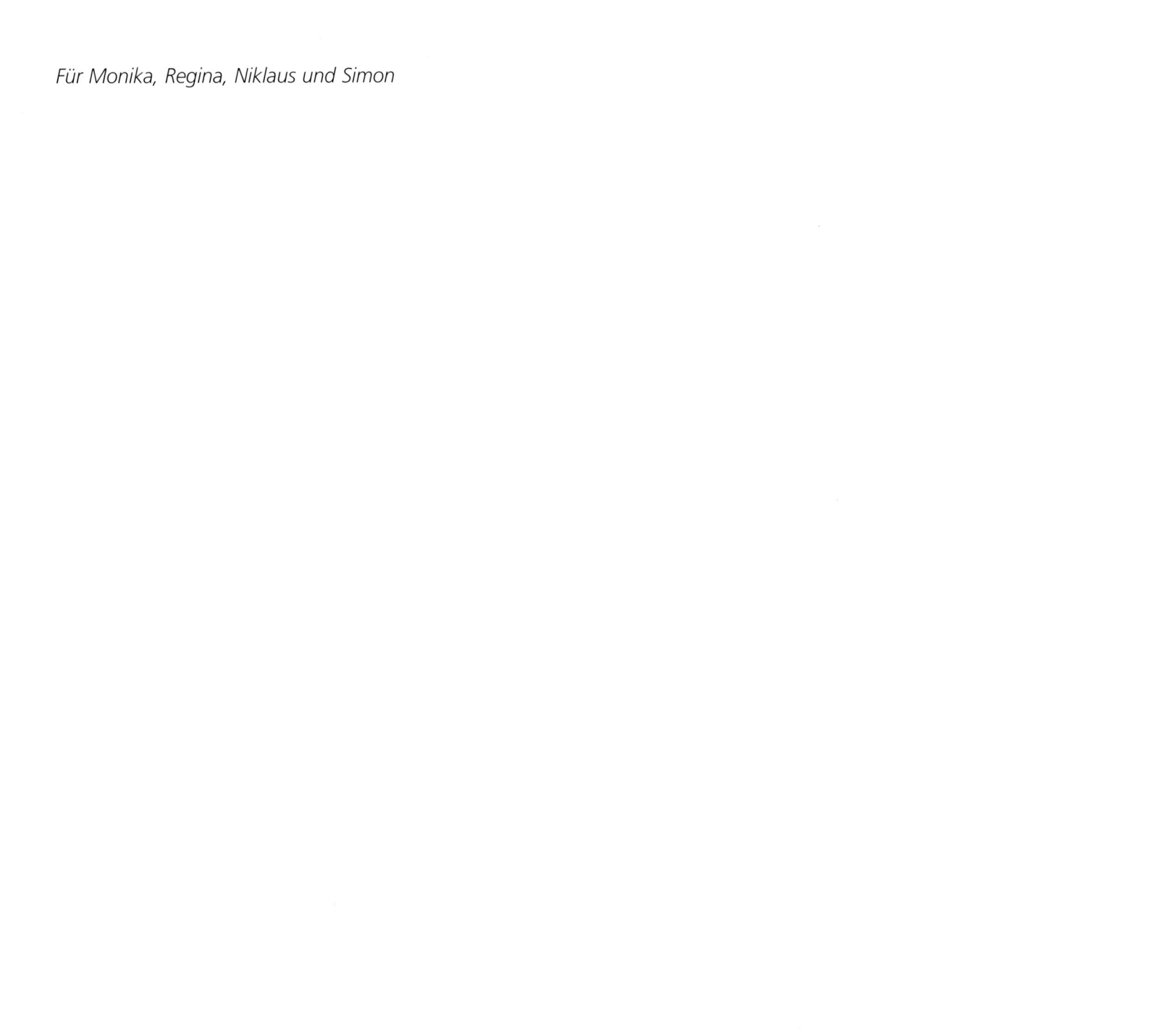

Karl Martin Tanner

Augen-Blicke

Bilder zum Landschaftswandel im Baselbiet

2001 VERLAG
des Kantons Basel-Landschaft

Kommission «Quellen und Forschungen»:
Dr. Hans Utz, Ettingen, Präsident
Dr. Elsi Etter, Itingen
lic. phil. Doris Huggel, Pfeffingen
Dr. Matthias Manz, Sissach
lic. phil. Pascale Meyer, Basel
Dr. Kaspar Rüdisühli, Binningen
Fritz Sutter, Pratteln
lic. phil. Dominik Wunderlin, Basel
Max Zoller, Schönenbuch

Redaktion:
Dr. Kaspar Rüdisühli, Binningen

Gestaltung, Satz, Bildbearbeitung: Dr. Markus Kappeler, Hochwald
Grafiken: Martin Lobsiger, ETH Zürich
Fotografische Beratung: Felix Gysin, Mikrofilmstelle BL, Liestal
Druck: Lüdin AG, Liestal
Bindearbeiten: Buchbinderei Grollimund AG, Reinach

Die Erarbeitung und Herausgabe dieses Buchs wurde
mit namhaften Beiträgen unterstützt von:
Professur für Natur- und Landschaftsschutz der ETH Zürich
Arbeitsgemeinschaft für Natur- und Heimatschutz Baselland
Stiftung Dr. Joachim de Giacomi der Schweiz. Akademie der Naturwissenschaften

LOTTERIEFONDS BASEL-LANDSCHAFT   *Diese Publikation wurde mit Mitteln aus dem Lotteriefonds Basel-Landschaft ermöglicht.*

© Copyright VERLAG des Kantons Basel-Landschaft 2001

ISSN 0480-9971
ISBN 3-85673-257-8, 1. und 2. Auflage 1999, 3. Auflage 2001

Inhaltsverzeichnis

Vorwort 7

Einleitung 9

Kapitel 1
Blicke auf die Intensivierung der Landwirtschaft 15
Veränderungen durch Meliorationsmassnahmen 18
Entwicklungen bei den landwirtschaftlichen Bauten 34
Vom Zugtier zum Traktor 40
Ertragssteigerung durch Düngung und Pflanzenschutz 50

Kapitel 2
Blicke auf einzelne Bereiche der Bodenbewirtschaftung 59
Äcker, Wiesen und Weiden gestern und heute 60
Nebenerwerbslandwirtschaft und Gemüsebau im Wandel 74
Umstellungen beim Obstbau 88
Entwicklungen bei den Rebbergen 101

Kapitel 3
Blicke auf grosse Linien im Offenland 111
Veränderungen bei den Fliessgewässern 113
Gleisanlagen und Strassen im Wandel 127

Kapitel 4
Blicke auf den Wald 139
Entwicklung der Waldfläche 141
Veränderungen bei den Umtriebszeiten 150
Die zunehmende «Aussichtslosigkeit» 161

Kapitel 5
Blicke auf den Siedlungsraum 169
Vom eingebetteten Dorf zur Streusiedlung 171
Wandlungen im Innern der Ortschaften 188
Vom Klein- zum Grossgewerbe 212
Natur im Siedlungsraum gestern und heute 225

Anstelle einer Zusammenfassung 241

Tabellen 247
Literaturverzeichnis 251
Bildnachweis 257
Dank 259
Register 261

Vorwort

Ein Bilderbuch in einer Zeit der medialen Bildüberflutung – was soll das? Der Gründe sind mehrere, ein derartiges Buch für die Öffentlichkeit zu kreieren und darin alte und neue Bilder einander gegenüberzustellen. Ruhende Bilder – zumal mit dem genau gleichen Blickwinkel – zwingen zum Vergleichen, zum Nachdenken und zum Fragen. Wer ist sich schon bewusst, wie rasche und tief greifende Veränderungen die Landschaft erfahren hat? In zwei bis drei Generationen wurden viele Landstriche bis zur Unkenntlichkeit verwandelt. Mancherorts ist die Landschaft nicht nur blindlings, sondern blindwütig dem Nützlichkeitswahn und dem Ordnungsunsinn geopfert worden: Das Einmalige und die Einmaligkeit der vormals wohl komponierten Kulturlandschaft wirkt unumkehrbar entstellt.

Landschaft als Lebensraum und Heimat: Braucht das der so genannt moderne Mensch überhaupt noch? Die allgegenwärtigen Ersatzwelten bejahen diese Frage lebhaft. Wo aber bleibt die Ästhetik von Heimat und Landschaft? Sie steht noch immer als Postulat in den Natur- und Heimatschutzgesetzen, doch in der Realität fehlt sie oft. Unsere Nachkommen werden urteilen...

Ich danke meinem Freund und Mitarbeiter, Karl Martin Tanner, dass er sich dieser entbehrungsreichen Recherchier-, Dokumentations- und Forschungsarbeit unterzogen hat.

Klaus C. Ewald
Professor für Natur- und Landschaftsschutz
an der ETH Zürich

Einleitung

*'s chunnt alles jung und neu,
und alles schliicht sim Alter zue,
und alles nimmt en End,
und nüt stoht still.*

Johann Peter Hebel (1760-1826),
«Die Vergänglichkeit»

Was dieses Buch will
Nichts steht still. Diese einfache Tatsache regt viele Menschen zum Nachdenken und privaten Forschen an. Und Wissenschaften wie Geologie, Archäologie und Geschichte stellen von unterschiedlichen Warten aus Fragen an die Vergangenheit. Ihre Erkenntnisse können das gegenwärtige Handeln beeinflussen. Wo unser Tun und Lassen vom Blick zurück mitgeprägt wird, ist die Gefahr des Über-das-Ziel-Hinausschiessens weit geringer als in einem rein gegenwartsbezogenen, keiner Tradition verpflichteten Umfeld.
Auch Landschaft hat Geschichte. 1978 veröffentlichte Ewald mit seinem «Landschaftswandel» eine erste umfassende Landschafts-Geschichtsschreibung für die Schweiz. Seither ist eine beachtliche Zahl von Arbeiten zu den Veränderungen in einzelnen Regionen erschienen. Für den Kanton Basel-Landschaft liegt mit der Dissertation von Suter (1926) zur Landschaftsgeschichte des Ergolzgebiets bereits eine sehr frühe historische Untersuchung vor. Stellvertretend sei ferner auf «Natur aktuell» hingewiesen (Imbeck 1989). Dieses Werk bringt eine ausführliche Beschreibung der Situation von Natur und Landschaft

Einleitung

der Gegenwart, nebst Ausflügen in die Vergangenheit und zahlreichen Literaturhinweisen. In ihren «Dokumenten» legen Klaus (1982, 1983, 1985) und Epple (1993, 1998) eine Reihe von schriftlichen, auch landschaftsrelevanten Augenblick-Aufnahmen vor. Insbesondere für unser Jahrhundert sind also viele Vorgänge bekannt und gut dokumentiert.

Trotz guter Beschreibungen der Landschaftsentwicklung ist es hingegen fast unmöglich, sich fassbare *visuelle* Vorstellungen von den Veränderungen der Landschaft machen zu können. Die CD-ROM von Schneider & Ernst (1999) hilft da weiter. Sie enthält eine enorme Vielfalt von optischen Fenstern zur Vergangenheit. Der Vergleich von Bildern – früher und heute vom selben Standort aus aufgenommen – eröffnet neue Perspektiven. Es ist denn auch das Anliegen des vorliegenden Buchs, mit diesem Mittel frühere Zustände der Landschaft mit der Gegenwart zu konfrontieren. Exemplarische Blicke sollen – in unterschiedlichen Massstabs-Ebenen – auf solche Phänomene geworfen werden, welche vielfach in immer ähnlicher Weise aufgetreten sind. Es geht also nicht um die vielen einzelnen Geschichten, die jedem Baum oder Haus anhaften, sondern um die grossen Linien der Entwicklung. Dabei gilt das Augenmerk hauptsächlich denjenigen Veränderungen, welche die Entstehung von biologischer Vielfalt (Biodiversität) begünstigen oder einschränken.

Dieses Buch ist also ein Bilder-Buch, ein Buch, das mit Bildern bilden soll. Wer es «lesen» will, muss sich folglich viel Zeit dazu nehmen, die Bilder intensiv zu betrachten und zu analysieren. Der Text ist bewusst knapp gehalten. Er gibt lediglich einige Hinweise auf wichtige Bildinhalte und deren Umfeld.

Für jedes Bilder-Buch liegt eine generelle Schwierigkeit in der Tatsache, dass wir heute an allen Orten mit Bildern überflutet werden. Insbesondere in Büchern und Aufsätzen finden sich Illustrationen häufiger denn je eingesetzt: Man sagt, wir hätten uns zu einer Gesellschaft von Augenmenschen entwickelt. Dies dürfte aber nur bei oberflächlicher Betrachtung stimmen. Vielmehr hat die Bilderflut zu einer nie gekannten Geringschätzung des einzelnen Bilds geführt (vgl. Doelker 1997). Etwa in wissenschaftlichen Publikationen werden Fotografien allzuhäufig nur als schmückendes Beiwerk angesehen, allein dazu da, den Text aufzulockern.

Herkunft und Thematik der Bilder
Im Zentrum dieses Buchs stehen Landschaftsbilder. Landschaft ist hier in einem umfassend-ganzheitlichen Sinne zu verstehen als ein beliebiger Ausschnitt der Erdoberfläche. Dazu gehören auch die besiedelten Gebiete.

Einleitung

Die meisten unserer Bilder sind terrestrische Fotografien. Mit Luftbildern und Kartenausschnitten werden da und dort ergänzende Aussagen gemacht. Ausserdem sollen Grafiken einzelne Hintergründe der Landschaftsentwicklung veranschaulichen. Besonders viel Raum nimmt, wie oben schon angedeutet wurde, die Gegenüberstellung von alten und neuen Fotografien ein. Daneben bringen Einzelbilder zusätzliche Informationen.

Unsere vier wichtigsten Quellen für die alten Fotografien sind das Archiv Lüdin, Liestal, mit Glasplatten, welche wohl vor allem Karl Lüdin-Jenni (1879-1955) zuzuschreiben sind; das Archiv Seiler im Staatsarchiv des Kantons Basel-Landschaft, Liestal, mit Glasplatten von Arnold Seiler-Schaub (1864-1927) und Arnold Seiler-Rudin (1892-1978), ferner Repros von sehr alten Fotografien, welche schon vom Vater von Arnold Seiler-Schaub stammen könnten; das Eidgenössische Archiv für Denkmalpflege, Bern, besonders mit Bildern von verschiedenen Postkarten-Verlagen; und das Bundesamt für Landestopographie, Wabern, für die Luftbilder. Die Qualität der alten Glas-Negative ist zumeist hervorragend. Sie kann mit den von uns für die neuen Bilder eingesetzten Kleinbild-Diapositiven nicht erreicht werden.

Da nur Fotografien Verwendung finden, ergibt sich als zeitlicher Rahmen für unsere Betrachtungen in erster Linie das 20. Jahrhundert. Wenige Blicke fallen noch ins 19. Jahrhundert. Es gilt besonders zu beachten, dass die Aufnahmedaten der frühen Fotografien unterschiedlich weit zurück liegen. Die Zeiträume, welche von den einzelnen Bildpaaren abgedeckt werden, sind somit nicht alle gleich lang. Leider sind viele der alten Aufnahmen nicht datiert. Meist ist aber aufgrund der Bildinhalte eine recht gute zeitliche Einstufung möglich.

Die Bilder stammen aus dem ganzen Kanton Basel-Landschaft. Damit werden sowohl städtische wie auch ländliche Regionen erfasst, Gebiete im Tafel- und Faltenjura ebenso wie solche in der Rheinebene oder im Laufenbecken. Nicht alle Ortschaften sind mit gleichem Gewicht berücksichtigt. Dies hängt mit der Herkunft der verwendeten alten Fotografien zusammen. Besonders häufig ist die Region um Liestal herum vertreten. Bei den Grafiken musste das Laufental weitgehend ausgeklammert bleiben.

Gewisse Eingriffe sind – auch heute – auf Fotografien (fast) nicht oder nur indirekt sichtbar. Sie sind dadurch höchstens am Rand Gegenstand unserer Betrachtungen, auch wenn sie im Blick auf den Landschaftswandel nicht unbedeutend sind (zum Beispiel Veränderungen im Kleinrelief oder unter der Erdoberfläche). Eine weitere Prämisse ergibt sich aus dem Umstand, dass früher

Einleitung

vieles nicht fotografiert wurde und folglich dazu auch keine Vergleichsbilder gemacht werden können. Wer wollte schon Wegborde, Dolinen, Abfalldeponien oder Ödlandflächen festhalten? Die meisten alten Fotografien stammen denn auch aus dem Siedlungsraum. Dies drückt sich besonders deutlich in den Sujets der alten Ansichtskarten aus (vgl. Schwarz 1999).

Vorgehen beim Wiederholen der alten Bilder
Die Methode des Bildvergleichs führt als Mittel zur Analyse der Geschichte einzelner Landschaftsausschnitte zu bestechenden Ergebnissen. Viel Auftrieb hat sie in den vergangenen Jahren durch die exakten Arbeiten der «Documenta Natura» in Bern erhalten. Diese Stiftung hat in Zusammenarbeit mit verschiedenen Autoren neue Wege aufgezeigt (vgl. zum Beispiel Glauser 1993, Haefeli 1996, Universität Zürich 1998).
Wer alte Fotografien wiederholen will, sollte auf grösstmögliche Identität der Standorte von Erstaufnahme und Wiederholungsaufnahme achten. Dieser an sich einfachen Vorgabe wird allzu oft zu wenig Beachtung geschenkt, was sich an Beispielen in einer grösseren Anzahl von Publikationen zeigen liesse. Bereits eine Verschiebung des Standorts um wenige Meter kann zu überraschend grossen Verfälschungen – und dementsprechend zu unzulässigen Schlussfolgerungen – führen.
Die Suche eines alten Fotostandorts im Gelände ist meist aufwändig. Nicht selten führt sie zu Plätzen, an welchen der ehemalige Ausblick durch Hauswände oder Bäume verstellt ist. Es ist durchaus angebracht, mit einigen Beispielen dieses häufige Phänomen zu zeigen. Aber es sollen ja auch noch andere Entwicklungen dokumentiert werden, und so muss sehr oft der heute «unbrauchbare» Standort fallengelassen werden. An einigen Stellen ist es möglich, von einem leicht verschobenen Standort aus zu fotografieren. Dies ist aber nur zulässig, wenn die Bildaussage, im Vergleich zum ursprünglichen Standort, nachweislich nicht entscheidend verändert wird.
Neben der Identität der Standorte ist ferner eine möglichst grosse Vergleichbarkeit der Jahres- und der Tageszeiten sowie der Wetterlage anzustreben. Wichtig ist es auch, die Aufnahmen mit gleichen Objektiv-Brennweiten anzufertigen.
Vor diesem Hintergrund ist es leicht nachzuvollziehen, dass die meisten Fotostandorte mehr als einmal – nicht selten drei- bis viermal – aufgesucht werden mussten, bis ein befriedigendes Resultat vorlag. Sehr aufwändig war sodann die Bildbearbeitung: Die alten und neuen Fotografien wurden von Arte-

fakten gereinigt und dann ausgemessen, um die Bildausschnitte in Übereinstimmung bringen zu können. Die neuen Bilder werden absichtlich nicht farbig reproduziert, um das Vergleichen zu erleichtern.

Zur Auswertung der Bildinhalte
Als Methode der historischen Landschaftsforschung wird bei uns am ehesten der Vergleich von Luftbildern eingesetzt. Arbeiten mit einzelnen terrestrischen Vergleichs-Bildpaaren werden zwar nicht selten veröffentlicht, ab und zu sogar ganze Bildbände (zum Beispiel Christen, Hofer & Crispini 1986), aber die Botschaften, die sie vermitteln, werden – wenn man die Legenden liest – kaum je in den Dienst der Landschaftsgeschichte gestellt. Der Grund für diesen Sachverhalt dürfte darin zu suchen sein, dass Fotografien, und insbesondere Landschaftsfotografien, eine derart reiche Fülle an Information enthalten, dass es für den Betrachter anstrengend ist, aus ihnen differenzierte Aussagen herauszulesen. In den USA wird die Methode des Bildvergleichs jedoch bereits von verschiedenen Forschungszweigen konsequent eingesetzt. Hart & Laycock (1996) listen in einer Bibliografie für den Westen der Vereinigten Staaten nicht weniger als 175 Publikationen auf, in welchen Vergleichsbilder wissenschaftlich ausgewertet werden.
In diesem Buch wird der Versuch gemacht, mit Bildern wichtige Aspekte der Landschaftsgeschichte der letzten Jahrzehnte zu zeigen. Die Betrachtenden sollen durch eine straffe Disposition von Abschnitt zu Abschnitt gleichsam auf eine Wanderung durch die Landschaft mitgenommen werden. In den Legenden wird jeweils nur auf wenige Bildinhalte hingewiesen. Diese Führung soll verhindern, dass man in der Informationsflut, welche in jeder Fotografie enthalten ist, ertrinkt. Selbstverständlich können (und sollen) die Bilder in beliebige Richtungen und nach zahllosen Kriterien weiter «befragt» werden. Der Grad des Erkenntnisgewinns ist sehr direkt von der Intensität dieser Analyse abhängig.
Es ist nicht einfach, *Bewertungen* der Bildinhalte vorzunehmen. Dies soll zumeist den Betrachtenden überlassen bleiben. Sie werden immer wieder in erster Linie nach der Verkraftbarkeit von Eingriffen für Mensch, Tier und Pflanze fragen müssen. In den Legenden finden sich da und dort Hinweise auf Konsequenzen von einzelnen Entwicklungen. Auf keinen Fall kann es aber darum gehen, das Gestrige immer als das Bessere zu sehen.

Kapitel 1

Blicke auf die Intensivierung der Landwirtschaft

Mehr als vierzig Prozent der Fläche des Baselbiets wird von Landwirtschaftsland eingenommen. Das Gesicht der Landschaft ist somit sehr wesentlich durch die Art und Weise der agrarischen Nutzung geprägt.
Bis ins 20. Jahrhundert hinein war die Bodenbearbeitung auf fast alle Familien der dörflichen Gemeinschaften verteilt. Sie diente in der zweiten Hälfte des 19. Jahrhunderts (nach Epple 1996, S. 212f) in den zahlreichen Posamentergemeinden fast ausnahmslos der Nahrungsmittelproduktion für den Eigengebrauch (vor allem Ackerbau). Daneben gab es eine ganze Reihe von Gemeinden, vor allem in den Bezirken Liestal und Sissach, deren Landwirtschaft sich damals schon an einem bescheidenen Markt orientierte (mit Milchwirtschaft kombinierter Ackerbau).
In unserem Jahrhundert hat die Landwirtschaft sehr einschneidende Veränderungen erfahren. Die Zahl der Bauernbetriebe und der in der Landwirtschaft

Kapitel 1: Blicke auf die Intensivierung der Landwirtschaft

beschäftigten Leute ist stetig gesunken (vgl. Grafiken 1 und 2). 1929/30 zählte man auf rund jede sechste Person einen Landwirt, 1990 noch auf rund jede sechzigste. Es verwundert nicht, dass in unsern Dörfern noch zahlreiche Menschen leben, welche sich an die Stilllegung eines landwirtschaftlichen Gewerbes in der Familie erinnern können.

Die Fläche des einzelnen Betriebs lag 1929 bei durchschnittlich 4,5 Hektaren (ohne Wald), 1990 bei 11,25 Hektaren (Amt für Gewerbe, Handel und Industrie Baselland 1964 und Statistisches Amt Kanton Basel-Landschaft 1995). Die Bodenfläche, welche vom einzelnen Bewirtschafter bearbeitet wird, hat in weniger als hundert Jahren etwa um das Dreifache zugenommen (vgl. Grafik 3). Die Erträge sind überall massiv gestiegen. Die Landwirte von heute erarbeiten sich einen Lohn. Die Produktion von Gütern zur Versorgung des eigenen Haushalts ist schon längst in den Hintergrund getreten. Dadurch ist die bäuerliche Bevölkerung in hohem Masse davon abhängig geworden, wie die politischen Winde – nicht mehr nur in der Schweiz – wehen.

Die erwähnten Entwicklungen waren nur möglich durch sehr tiefgreifende Intensivierungs- und Rationalisierungsmassnahmen. Eine grosse Wende leitete die so genannte «Anbauschlacht» während des Zweiten Weltkriegs ein. Da wurde zahlreichen Bauernfamilien erst eigentlich bewusst, welche Reserven noch ungenutzt in ihrem Boden lagen. Nach dem Krieg behielten sie viele Neuerungen bei und entwickelten sie laufend weiter. Heute helfen landwirtschaftliche Beratungsdienste allen Ratsuchenden, den Einsatz der ertragssteigernden Mittel zu optimieren. Die einst vielseitigen Betriebe sind heute, marktorientiert, zumeist auf wenige Produkte spezialisiert.

Besonders einschneidende Veränderungen haben die Massnahmen in den folgenden Bereichen gebracht: a. Bodenverbesserungen (Meliorationen), insbesondere Güterzusammenlegungen, Entwässerungen, Veränderungen des Kleinreliefs, b. landwirtschaftliche Bauten, c. Mechanisierung, d. Düngung, e. Einsatz von Pflanzenschutzmitteln, f. Sortenzüchtung, g. Gentechnologie.

Längst sind die einst innerhalb der einzelnen Gemeinden oder Regionen recht geschlossenen Stoffkreisläufe aufgerissen. Viele Futter- und Düngemittel oder einzelne Komponenten der Mischungen werden aus dem Ausland bezogen. Der Biologische Landbau versucht da seit einigen Jahren – mit einer zunehmenden Anhängerschaft – Gegensteuer zu geben.

Die Gründe für die geschilderten Entwicklungen sind vielfältig. Ihnen nachzugehen ist nicht Sache dieses Buchs. Zu fragen ist hier – wie auch in allen weiteren Kapiteln – nach dem Sichtbarwerden von Eingriffen in der Landschaft.

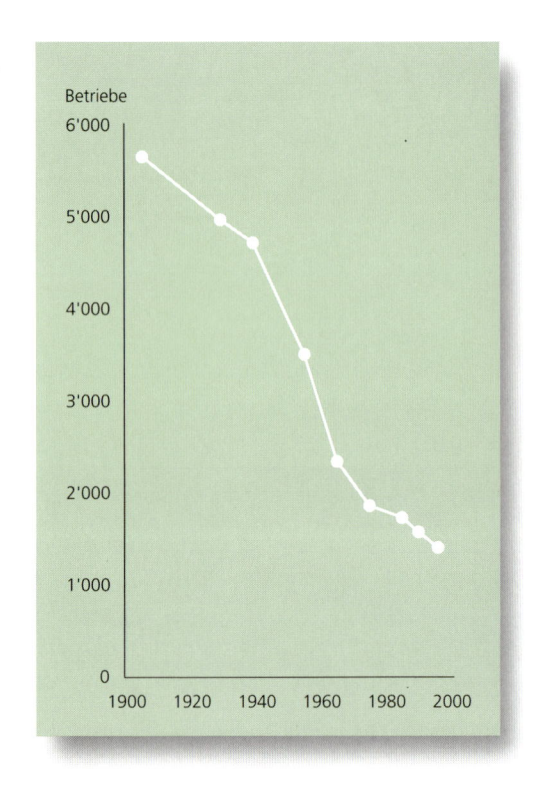

Grafik 1 (vgl. Tabelle 1): Anzahl Landwirtschaftsbetriebe im Kanton Basel-Landschaft

Im Verlauf des 20. Jahrhunderts hat sich die Zahl der Landwirtschaftsbetriebe um fast drei Viertel verringert.

Grafik 2 (links; vgl. Tabelle 2): Anzahl Beschäftigte in der Landwirtschaft im Kanton Basel-Landschaft

In weniger als hundert Jahren ist die Zahl der Landwirte um rund drei Viertel zurückgegangen...

Grafik 3 (rechts; vgl. Tabelle 3): zu bearbeitende Landwirtschaftsfläche pro Bewirtschafter im Kanton Basel-Landschaft

...und in derselben Zeit hat sich die von einer Person zu bearbeitende Bodenfläche mehr als verdreifacht.

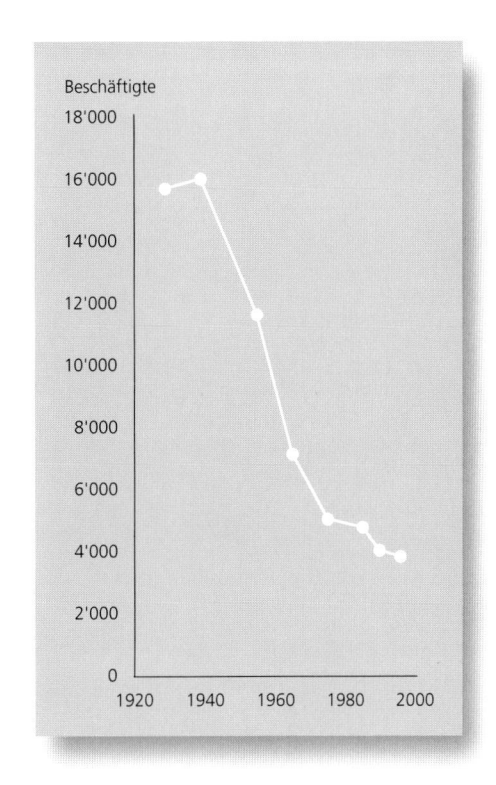

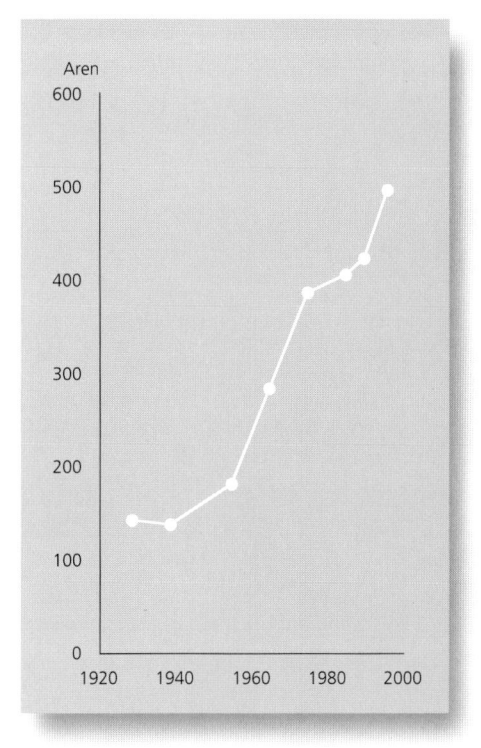

Mit Fotografien ist es möglich, Massnahmen und ihre Auswirkungen, wie sie unter den Punkten a. bis e. aufgeführt sind, teilweise zu zeigen. Dies soll in den folgenden Abschnitten versucht werden. Die Ergebnisse von Sortenzüchtungen und gentechnologische Veränderungen (Punkte f. und g.) können hingegen kaum mit Bildern sichtbar gemacht werden.

Veränderungen durch Meliorationsmassnahmen

Mit Meliorationsmassnahmen sollen die Betriebsgrundlagen für die Landwirtschaft so verbessert werden, dass die Produktionskosten sinken. Dies geschieht vor allem durch Massnahmen zur Erleichterung der Bodenbewirtschaftung, Massnahmen zur Erhaltung oder Steigerung der Erträge und Massnahmen zum Schutz des Bodens vor Verwüstung oder Zerstörung durch Naturereignisse.

Im Kanton Basel-Landschaft gehen Meliorationsmassnahmen weit zurück. Im 19. Jahrhundert wurden sie in der Regel von den Bauern in Eigenregie durchgeführt. Im Laufe des 20. Jahrhunderts hat sich dann die Praxis des Meliorierens mehrmals geändert (Streiff 1968, S. 112ff). Basierend auf dem kantonalen Felderregulierungsgesetz vom 2. September 1895 (Kanton Basel-Landschaft 1895) wurden in den ersten Jahrzehnten vor allem im unteren Kantonsteil Güterzusammenlegungen in einzelnen Flurteilen durchgeführt. Während des Zweiten Weltkriegs sollten besonders Entwässerungen im grossen Stil dazu dienen, die Ertragslage zu verbessern. Nach dem Krieg setzten sich im Zuge des Autobahnbaus zunehmend Gesamtmeliorationen durch: integrale Projekte zur umfassenden Strukturverbesserung ganzer Gemeinden.

Im vorliegenden Abschnitt werden nicht nur behördlich unterstützte Meliorationen betrachtet, obschon sie heute sicher einen Grossteil der Eingriffe ausmachen. Zu folgenden Massnahmen werden der Reihe nach Bilder gezeigt: a. Güterzusammenlegungen, b. Entwässerungen, c. Veränderungen von Landschaftsstrukturen und d. Natur- und Landschaftsschutzmassnahmen.

Durch *Güterzusammenlegungen* werden die Eigentumsverhältnisse des Landwirtschaftslands neu festgelegt. Damit wird die über Generationen hinweg eingetretene Zerstückelung des Grundbesitzes der einzelnen Bewirtschafter reduziert. In der Folge verringert sich auch die Zahl der Parzellen. Die grösse-

---

Oltingen: «1946-1949 wurde die erste Feldregulierung westlich der Ergolz durchgeführt. Bächlein verschwanden in Röhren, vernässte Wiesen wurden drainiert, Hecken und Feldgehölze ausgereutet, Gruben und Dolinen aufgefüllt. Der Traktor hielt Einzug in der Landwirtschaft. Bei der zweiten Feldregulierung, zwischen 1961 und 1984, war das Verständnis für Naturschutzbelange soweit gewachsen, dass kaum mehr Gewässer oder Feldgehölze tangiert wurden; die Regulierung zielte vor allem auf die Schaffung grösserer Parzellen, zusammenhängende Landwirtschaftsbetriebe und rationellere Bewirtschaftung durch Erschliessung. Dabei wurde allerdings manche ungestörte oder ungenutzte Fläche eliminiert.»

Quelle: Weitnauer & Bruderer (1987), S. 3

Veränderungen durch Meliorationsmassnahmen

ren Flächen erlauben eine rationellere Bewirtschaftung. Die Entwicklung der durchschnittlichen Parzellengrösse geht aus Grafik 4 hervor.

Ausgedehnte Moorgebiete gab es im Baselbiet nie, vernässte Stellen waren hingegen im Kulturland zahlreich. Dementsprechend haben *Entwässerungsmassnahmen* eine lange Tradition. Schon 1863 berichtet zum Beispiel Schmassmann aus Zunzgen: «Nasse Stellen in Äckern und Wiesen werden durch Anlegung von Agten [Entwässerungsgräben] trocken gelegt.» Neben den zahlreichen Drainagewerken ist an dieser Stelle auch an die verschiedenen Gewässerkorrektionen zur Gewinnung von Landwirtschaftsland zu erinnern (vgl. Kapitel 3).

Durch Meliorationseingriffe sind zahlreiche *Klein- und Kleinststrukturen in der Landschaft* verschwunden. Darunter fallen kleine Gräben und Tälchen ebenso wie Geländestufen oder Krautsäume entlang von Zäunen. Die Kleinstrukturen nehmen in der Regel nicht viel Raum ein. Sie sind gleichsam «vergessene» Orte und gerade dies macht sie für viele Tier- und Pflanzenarten zu Überlebensinseln. Ihr Verschwinden geschieht unbemerkt. Sie werden von niemandem vermisst, aber die Landschaft verarmt. Da früher normalerweise niemand Kleinstrukturen aus der Nähe fotografiert hat, kann ihre Geschichte nur lückenhaft gezeigt werden. Wichtig sind deshalb genaue Kartierungen mit späteren Wiederholungen (vgl. Tanner & Zoller 1996a und b).

Bei den neusten Meliorationsprojekten bemüht man sich, *Anliegen des Natur- und Landschaftsschutzes* von der Planungsphase an einzubeziehen (SIA 1998). Nicht selten werden frühere Eingriffe rückgängig gemacht. Namentlich sind in den letzten Jahren da und dort kleine Wiesenbäche wieder ausgedolt worden. Den Kleinstrukturen müsste noch mehr Aufmerksamkeit geschenkt werden. Das Wissen um ihre Bedeutung wäre zu fördern. Bis in die neuste Zeit hinein kommt es vor, dass bei Gesamtmeliorationen zwar neue Naturschutzflächen ausgeschieden, daneben aus Nichtwissen heraus aber zahlreiche kleine Naturinseln zerstört werden.

Selbstverständlich werden im Rahmen von Meliorationsprojekten auch Hoch- und Tiefbau-Massnahmen durchgeführt. Darüber wird im folgenden Abschnitt berichtet. ●

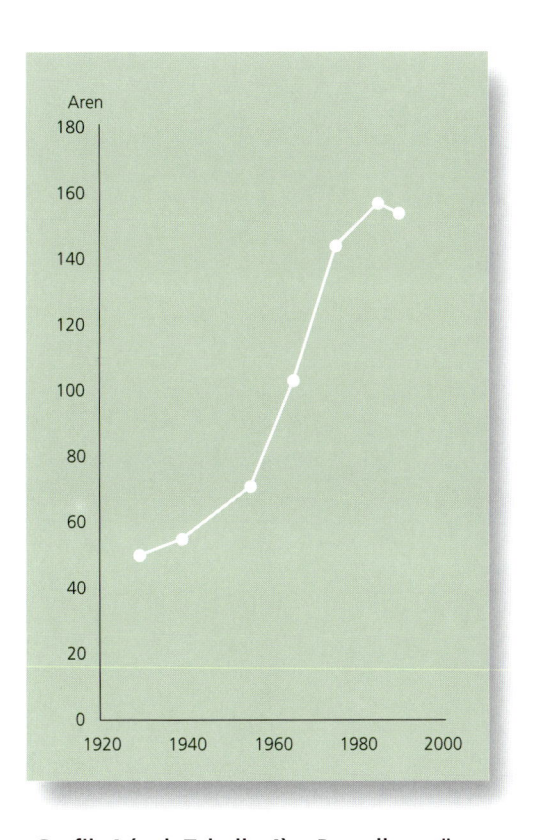

Grafik 4 (vgl. Tabelle 4): Parzellengrösse im Kanton Basel-Landschaft

Durch Güterzusammenlegungen wurden grössere Bewirtschaftungs-Einheiten geschaffen.

Kapitel 1: Blicke auf die Intensivierung der Landwirtschaft

Bild 1 (vgl. Bild 2):   kleine Äcker, Anwil (Luftbild), 27.8.1930

Das Bildpaar zeigt die Landflächen im Gebiet Oberfeld-Ächtelmatt-Stritmatt. Norden ist unten im Bild. Vom Dorf Anwil sind, oben in der Mitte, gerade noch einige Häuser zu sehen. Die vielen schmalen Äcker auf dem Luftbild von 1930 lassen auf eine starke Zerstückelung des Grundbesitzes schliessen. Dies zwang die einzelnen Landwirte dazu, in zahlreichen oft weit auseinander liegenden Gebieten kleine Flächen zu bearbeiten. Viel Zeit und Energie ging beim Zurücklegen der Wege zu den Arbeitsorten verloren. Besonders nach dem Zweiten Weltkrieg wurden deshalb, mit kräftiger Unterstützung von Bund und Kanton, in vielen Gemeinden...

Veränderungen durch Meliorationsmassnahmen

Bild 2 (vgl. Bild 1):   grosse Äcker, Anwil (Luftbild), 11.7.1994

...grössere Güterzusammenlegungen durchgeführt – auch in Anwil. Güterzusammenlegungen (oder: Felderregulierungen) sind sehr aufwändige Projekte. Es dauert in der Regel viele Jahre, bis die Neu-Organisation des Raums abgeschlossen werden kann. Und es ist nachvollziehbar, dass dabei nicht selten Konflikte entstehen, müssen doch im Rahmen der Landneuzuteilung immer Grundstücke abgetreten werden, welche ihren Eigentümern seit Generationen vertraut sind. Ein Vergleich der beiden Bilder zeigt, dass Güterzusammenlegungen aber vor allem auch einschneidende Landschaftsveränderungen bewirken.

Kapitel 1:   Blicke auf die Intensivierung der Landwirtschaft

Bild 3 (vgl. Bild 4):   altes Parzellenmuster, Röschenz (zwei zusammengesetzte Luftbilder), 4./5.8.1937

Auf den beiden Bildern ist links das Oberfeld und rechts die Allmend von Röschenz zu sehen. Dazwischen hat sich die Lützel ihr Tal geschaffen. Seine Abhänge sind bewaldet. Oben im Bild liegt Osten. Ein Bildvergleich zeigt mehrere auffallende Entwicklungen: Das Dorf (oben, Mitte) ist in den Bereich der Felder hinausgewachsen; bei der Allmend ist ein grosses Stück Wald gerodet worden; und der Waldrand ist 1994 viel weniger «ausgefranst» als 1937 (vgl. dazu Kapitel 4). Hier soll aber vor allem auf die Veränderungen im Landwirtschaftsland hingewiesen werden. 1937 gab es auf dem Oberfeld wie auch auf der Allmend eine grosse Zahl von kleinen und kleinsten, schmalen «Hosenträger-Parzellen». Offenbar wurden sie von sehr vielen verschiedenen Bewirtschaftern bearbeitet. Die unterschiedlichen Grautöne zeigen eine grosse Vielfalt bei den Kulturen an. Bäume waren, mässig häufig, überall über das Land verteilt. Auf dem Bild von 1994 fehlen sehr viele Bäume. Zwischen Oberfeld und Allmend...

Veränderungen durch Meliorationsmassnahmen

Bild 4 (vgl. Bild 3): neues Parzellenmuster, Röschenz (Luftbild), 11.7.1994

...zeigen sich beträchtliche Unterschiede. Auf dem Oberfeld ist die Anordnung der Parzellen ungefähr gleich geblieben, die Zahl der Äcker ist aber deutlich zurückgegangen. Heute sind viel weniger Eigentümer Selbstbewirtschafter ihrer Landflächen als noch vor fünfzig Jahren. Deshalb kommt es nicht selten vor, dass mehrere nebeneinander liegende Parzellen vom selben Bewirtschafter gepachtet und als Einheit bestellt werden. So war eine Rationalisierung ohne einschneidende Veränderung des alten, gewachsenen Parzellenmusters möglich. Im Bereich der Allmend erscheint hingegen der Raum grundlegend neu organisiert. Die Parzellen sind zu wenigen Grosseinheiten zusammengelegt worden. Das Landschaftsbild hat sich dadurch drastisch verändert – in einem viel stärkeren Ausmass als auf dem Oberfeld. Die Verminderung der Parzellenzahl bringt immer auch einen Verlust an biologischer Vielfalt mit sich, denn Grenzsäume zwischen Parzellen sind ein wichtiger Lebensraum für Kleintiere.

Reduktion der Parzellen am Beispiel der Güterzusammenlegung Wenslingen-Oltingen (ab 1946):

Grösse des Regulierungsgebiets	637 ha
Anzahl der Grundbesitzer	260
Anzahl der Parzellen vor der Zusammenlegung	2450
Anzahl der Parzellen nach der Zusammenlegung	620
Durchschnittliche Grösse der Parzellen vor der Zusammenlegung	26 a
Durchschnittliche Grösse der Parzellen nach der Zusammenlegung	1,02 ha

Quelle: Eidg. Meliorationsamt 1947, S. 214f

Kapitel 1: Blicke auf die Intensivierung der Landwirtschaft

Bild 5: Drainageröhren in einem Leitungsgraben, Ärfematt, Hemmiken, 30.8.1994

Bei der Verlegung einer Erdgasleitung sind Drainageröhren angeschnitten worden. Sie mussten wieder neu miteinander verbunden werden (dort, wo die hölzernen Verschalungen zu sehen sind). Das Bild zeigt beispielhaft die zahlreichen sonst unsichtbaren Entwässerungsbauten. Vernässte Stellen sind bei uns selten geworden.

Veränderungen durch Meliorationsmassnahmen

Subventionierte Entwässerungen im Kanton Basel-Landschaft zwischen 1898 und 1960 in Hektaren:

1898, 1899	4,64
1900-1909	126,20
1910-1919	323,19
1920-1929	317,66
1930-1939	470,45
1940-1949	1171,39
1950-1959	257,78
1960	10,0
Total	2681,31

Entwässerungen in Prozent der Bezirksfläche bzw. der Kantonsfläche zwischen 1898 und 1960:

Bezirk Arlesheim	9,57
Bezirk Liestal	3,65
Bezirk Sissach	7,38
Bezirk Waldenburg	3,88
Kanton	6,26

Quelle: Vermessungs- und Meliorationsamt des Kantons Basel-Landschaft (1898-1960)

Bild 6: «geschüttete Akte», Hemmiken, 30.8.1994

Bild 7: Drainageröhre aus Ton, Hemmiken, 30.8.1994

Bild 8: Drainageröhre aus Kunststoff, Hemmiken, 30.8.1994

Im Gasleitungsgraben auf der Ärfematt konnten die verschiedenen «Generationen» von Entwässerungsleitungen nebeneinander studiert werden: «Geschüttete Akten» hat man schon im 19. Jahrhundert angelegt. In kleinen mit Steinen gefüllten Gräben fand das Wasser den Weg des geringsten Widerstands beim Abfliessen. Bis nach dem Zweiten Weltkrieg wurden dann von geübten Draineuren lange Reihen von Tonröhrchen verlegt. Heute sind an ihre Stelle «endlose», oberseits perforierte Kunststoffröhren in einem Kieskoffer getreten.

Kapitel 1: Blicke auf die Intensivierung der Landwirtschaft

«Schon vor dem Kriege besass der Kanton keine grösseren Sumpfgebiete mehr. [...] Durch die vielen ausgeführten Entwässerungen sind 1045 ha wenig ertragreiches Land in fruchtbare Äcker umgewandelt und damit jahrelange Übelstände in der Bebauung des Landes beseitigt worden. [...] Die Wirkung der Drainagen war durchwegs sehr gut. Verschiedene Besitzer hätten ihre Anbaupflicht ohne Entwässerung nicht erfüllen können.»

Quelle: Eidg. Meliorationsamt (1947), S. 211ff

Produktionssteigerung während des Zweiten Weltkriegs: «Durch zahlreiche Entwässerungen und Rodungen wurde die Wirtschaftsfläche vergrössert und der Bodenertrag gesteigert. Der lebenswichtigen Bedeutung des Wasserhaushaltes und des Gewässer- und Landschaftsschutzes ist in diesen Kriegsjahren viel zu wenig Beachtung geschenkt worden. Heute noch sind mancherorts die begangenen Fehler mit ihren negativen Auswirkungen zu beobachten.»

Quelle: Streiff (1968), S. 112

«Die quantitative und qualitative Abnahme der natürlichen Lebensräume hat sich in unserem Lande seit den 50er-Jahren deutlich verstärkt. Die Verarmung hat sich seit 1970 nochmals beschleunigt. Ohne den Meliorationen die gesamte Verantwortung für den Landschaftswandel und für die Verluste an natürlichen Lebensräumen und an Tier- und Pflanzenarten zuschieben zu wollen, zeigt eine genauere Analyse doch klare Ursache-Wirkungs-Zusammenhänge.»

Quelle: WWF Schweiz & Pro Natura (1998), S. 7f

Veränderung von landschaftlichen Strukturelementen in Wintersingen zwischen 1983 und 1994 (100 Prozent entsprechen dem Zustand von 1983):

Punkthafte Veränderungen
Gruben .... -67%
Lesesteinhaufen .... -67%
Dolinen .... -40%
Kopfweiden 0%

Linienhafte Veränderungen
Bruchsteinmauern .... -50%
Gräben und Tälchen .... -48%
Geländestufen .... -35%
Hecken- und Einzelgebüsche .... -17%
Feld- und Bachgehölze .... -11%
Bäche und Rinnsale .... -9%
Bewachsene Feldwege .... -7%

Flächenhafte Veränderungen
Flächen mit kleinräumiger Nutzung ... -81%
Öd- und Brachland .... -48%
Feuchtstellen .... -41%
Hochstaudenfluren .... -32%
Pflanzgärten .... -17%
Anrisse 0%
Weiher 0%

Quelle: Tanner & Zoller (1996b), S. 158

Veränderungen durch Meliorationsmassnahmen

Bild 9: Geländestufe, Hölstein, 21.3.1999

Es gibt in der Kulturlandschaft ein breites Spektrum von kleinen und kleinsten Strukturen unterschiedlicher Herkunft, welche zumeist nicht sehr auffällig sind. Sie können Rückzugsorte von Tier- und Pflanzenarten sein, welche in den intensiv bewirtschafteten Landwirtschaftsflächen nicht überleben würden. Geländestufen sind ein Beispiel solcher Kleinstrukturen. Sie können natürlichen Ursprungs sein. Häufig sind sie aber durch die Terrassierung von Abhängen oder durch Wegeinschnitte entstanden.

Bild 10: Lesesteinhaufen, Wittinsburg, 1.4.1976

Wenn die auf den Äckern eingesammelten Steine immer an denselben Stellen abgelagert werden, entstehen im Laufe der Zeit grosse Haufen oder Wälle. Da und dort sind Lesesteinhaufen mitten im Waldareal zu finden – ein Hinweis auf Änderungen in der Art der Bodennutzung. Steinhaufen können wertvolle Lebensräume sein (zum Beispiel für Reptilien). Im Rahmen von Meliorationsmassnahmen wurden sie oft unbedacht entfernt.

Kapitel 1: Blicke auf die Intensivierung der Landwirtschaft

Bild 11 (vgl. Bild 12):   Doline wird aufgefüllt, Wenslingen, Herbst 1973

Dolinen (Einsturztrichter) und kleine Mulden können die landschaftliche Vielfalt bereichern. In ihnen herrschen andere mikroklimatische Bedingungen als in der Umgebung, was jeweils bei der Schneeschmelze gut sichtbar wird. Dadurch können sie – inselartig – besondere Pflanzen- und Tierarten beherbergen.

Bild 12 (vgl. Bild 11):   zugeschüttete Doline, Wenslingen, 20.6.1986

Es kommt häufig vor, dass solche «Löcher» mit irgendwelchem Deponiematerial aufgefüllt werden. Veränderungen dieser schleichenden Art werden von uns nicht oder nur selten wahrgenommen. Das Auge gewöhnt sich rasch an die vielen punktuellen Trivialisierungen in der Landschaft, besonders dann, wenn sie nicht auf einen Schlag eintreten.

Veränderungen durch Meliorationsmassnahmen

Bild 13: Inertstoffdeponie (Ablagerung von unverschmutztem Aushubmaterial), Langenbruck, 13.7.1997

Als Exkurs sollen einige Blicke auf Änderungen bei den Gruben- und Deponiearealen geworfen werden. Es ist zu unterscheiden zwischen Abbaustellen von Rohstoffen einerseits und Orten, wo Materialien abgelagert werden, andererseits. Von den zahlreichen Baustellen fällt heute sehr viel Aushubmaterial und Bauschutt an. Damit werden aufgelassene Gruben und grössere Mulden und Tälchen – wie hier abgebildet – aufgefüllt. Diese Nivellierungen können zu einer erheblichen Reduktion der landschaftlichen Vielfalt in einzelnen Geländekammern führen. Waldner (1992) weist auf die Verbreitung der Aushub- und Bauschuttdeponien im Baselbiet und ihre Bedeutung für den Landschaftswandel hin. Der Kanton hat heute zunehmend Schwierigkeiten, geeignete Areale für Deponien zu finden.

Kapitel 1: Blicke auf die Intensivierung der Landwirtschaft

Bild 14 (vgl. Bild 15): Grubenareale, Lausen, 1904

Bis weit ins 20. Jahrhundert hinein gab es in fast allen Gemeinden Gruben zur Gewinnung von Kies oder Mergel für den Strassenbau und -unterhalt. Ferner lieferten zahlreiche kleine Steinbrüche...

Bild 15 (vgl. Bild 14): Lausen, 24.6.1999

...Bruchsteine für den Hausbau. Heute werden diese Rohstoffe nurmehr an wenigen Stellen gewonnen. Man suche auf Bild 14 die kleinen Grubenareale und schaue auf Bild 15, was aus ihnen geworden ist.

Veränderungen durch Meliorationsmassnahmen

Bild 16 (vgl. Bild 17): Kiesgrube im Gitterli und «Lehmweiher» im Langhag, Liestal, 1904

Wie auf dem vorangehenden Bildpaar schon gezeigt wurde, sind viele kleine Grubenareale verschwunden. Sie konnten seltenen Tier- und Pflanzenarten Lebensraum bieten. Für die beiden abgebildeten Gruben ist diese Tatsache – ein Zufall – von Franz Leuthardt in seinem Tagebuch festgehalten worden (Staatsarchiv Basel-Landschaft, Privatarchiv Leuthardt). In der Brüderlin'schen Kiesgrube (im Bild 16 links vorne), wo sich heute das Altersheim Frenkenbündten befindet, hatte eine Uferschwalben-Kolonie *(Riparia riparia)* gelebt. Über den Lehmweiher (rechts im Bild 16)...

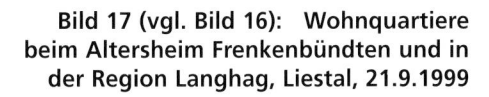

Bild 17 (vgl. Bild 16): Wohnquartiere beim Altersheim Frenkenbündten und in der Region Langhag, Liestal, 21.9.1999

...schreibt Leuthardt am 3. Januar 1927: «Der ehemalige ‹Lehmweiher› von Liestal jetzt ausgefüllt, einst eine reiche zoologische und botanische Fundstätte. Ufer mit Binsen und *Schoenoplectus mucronatus*, einer Wanderpflanze, welche nun auch vollständig verschwunden ist.» Heute ist ein Spielplatz mit einem kleinen Tümpel an dieser Stelle. Weiher entstanden früher bei uns spontan zum Beispiel in «Lettlöchern», kleinen Gruben in welchen Ton für die Ziegelherstellung oder für die Düngung der Felder abgebaut wurde.

Kapitel 1: Blicke auf die Intensivierung der Landwirtschaft

Bild 18: Mergelgrube am Limperg, Sissach, 12.6.1999

Der Bedarf an Ton, Kies und Mergel ist auch heutzutage gross. Wie bereits erwähnt, baut man sie in wenigen, dafür umso grösseren Gruben – «Wunden» in der Landschaft – rationell ab. Rohstoffe, welche an sich verbreitet vorhanden sind, werden dann mit viel Energieaufwand zu weit entfernt liegenden Abnehmern transportiert.

Veränderungen durch Meliorationsmassnahmen

Bild 19 (vgl. Bild 20): Heckenpflanzaktion, Diegten, 1.11.1980

Zurück zu den Meliorationen. Im Zuge von Massnahmen zur Bodenverbesserung sind immer wieder – schon im 19. Jahrhundert – Hecken entfernt worden. Inzwischen hat sich an vielen Orten die Einsicht durchgesetzt, dass Hecken sehr wertvolle lineare Strukturen in der Landschaft sind, und deshalb werden...

Bild 20 (vgl. Bild 19): Hecke, Diegten, 2.7.1999

...auch da und dort (als Renaturierungsmassnahme) Neupflanzungen vorgenommen. Unser Bildpaar zeigt, dass in weniger als zwanzig Jahren ein schönes neues Gehölz wachsen kann. Für Hecken, Feld- und Ufergehölze werden im Rahmen des ökologischen Ausgleichs vom Kanton auch Beiträge ausgerichtet.

Entwicklungen bei den landwirtschaftlichen Bauten

Landwirtschaftlicher Hochbau: Die Geschichte der Einzelhöfe wurde von Suter (1969) eingehend dargestellt. Er zeigt, dass neun Zehntel der alten Einzelhöfe des Kantons von der zweiten Hälfte des 18. bis zur Mitte des 19. Jahrhunderts als Folge der Aufhebung des Flurzwangs gebaut worden sind. Eine neue Welle der Entstehung von Einzelhöfen hat sich nach dem Zweiten Weltkrieg im Rahmen der Gesamtmeliorationen angekündet. «Die Krönung der Regulierungsarbeit ist jeweils die Schaffung neuer Hofsiedlungen», schreiben Kunz & Mory (1982, S. 39). Die in den vergangenen Jahrzehnten zahlreich entstandenen Neusiedlungen erlauben eine intensivere Bewirtschaftung von fernab des Dorfs liegenden Flächen, denn lange Anfahrtswege entfallen (vgl. Ewald 1978, S. 146f). Die im Dorf verbliebenen Betriebe haben oft mit Platzproblemen zu kämpfen.

Landwirtschaftlicher Tiefbau: In der Zeit der Dreifelderwirtschaft, bis zum Beginn des 19. Jahrhunderts, gab es fast keine Feldwege. Es war allen Bewirtschaftern vorgeschrieben, das Feld gleichzeitig zu bestellen. Nach der Aufhebung des Flurzwangs wurden sofort neue Wege gebaut, da nun jeder Bauer unabhängig von den anderen wirtschaften konnte. Heute ist die Neuplanung des Wegnetzes Bestandteil jeder Gesamtmelioration: Der Raum wird gleichsam neu organisiert. Zahlreiche alte Wege werden aufgehoben und – meist noch zahlreichere – neue entstehen. Sie erschliessen die entlegenen Flurteile. Das Kartenblatt Sissach der Landestopographie deckt eine Fläche von 210 Quadratkilometern ab. Ewald (1978, S. 187) hat darauf für die Zeit zwischen 1955 und 1970 die Summe von 494 Kilometern neu gebauter oder korrigierter Strassen erhoben. Ein grosser Teil davon sind Feldwege.

Längst sind die wichtigsten Flurwege auch geteert, damit die Arbeitsorte rasch und staubfrei erreicht werden können.

Güterzusammenlegung Therwil (1955-1965):

«Die neun bis jetzt entstandenen Einzelhöfe wurden alle an das Wasserversorgungsnetz des Dorfes angeschlossen. Die Siedlungen besitzen neue Wegverbindungen zum Dorf und haben eine arrondierte Grundfläche, ...»

Quelle: Suter (1969), S. 78

Zweite Güterzusammenlegung Oltingen (1961-1984):

«Vor der Regulierung existierten neben Dorf- und Kantonsstrassen 33 km Feld- und Waldwege. Im Zuge der Regulierung wurden praktisch alle alten Feldwege geteert, und es kamen gut 24 km geteerte Wege und Strassen dazu. Die reiche Begleitflora der Wegränder, der grüne Mittelstreif in den Karrwegen und die steinige Übergangszone zwischen Weg und Wiese, die der Bauer mit Rücksicht auf seine Sense oder Mähmaschine geschont hatte, verschwanden.»

Quelle: Weitnauer & Bruderer (1987), S. 3

Entwicklungen bei den landwirtschaftlichen Bauten

Bild 21: Heuschober, Bennwil, 24.6.1999

In der Zeit der Dreifelderwirtschaft wurden auf dorffernen Grundstücken kleine Heuschober erstellt. Im Winter holte man daraus die Futtervorräte ins Dorf. Nach der Aufhebung des Flurzwangs wurden nicht wenige dieser Feldscheunen zu Einzelhöfen ausgebaut (Suter 1969, S. 69ff). Andere haben die Jahre im ursprünglichen Zustand überdauert. Einige davon – so auch der hier abgebildete Ständerbau aus dem Jahr 1731 – wurden als Zeugen für die früheren Wirtschaftsweisen renoviert und unter Denkmalschutz gestellt. Heute wird Gras erneut ausserhalb der Höfe aufbewahrt. Die Siloballen links im Bild zeigen in welcher Weise.

Bild 22: modernes Ökonomiegebäude, Nusshof, 20.6.1999

Die Fläche, welche von einem Landwirt bearbeitet wird, ist im 20. Jahrhundert stark angestiegen (vgl. Grafik 3). Dies bedeutet, dass auf den einzelnen Bauernbetrieben grössere Mengen an Produkten umgesetzt werden. Mehr Vieh und mehr Heu brauchen aber auch mehr Platz. Deshalb sind in den vergangenen Jahrzehnten zahlreiche neue Ökonomiebauten von zumeist stattlicher Dimension entstanden. Meist stehen sie mit einigem Abstand neben dem Wohnhaus und den alten Stallungen.

Kapitel 1: Blicke auf die Intensivierung der Landwirtschaft

Bild 23 (vgl. Bild 24):   Region Brunn, Wintersingen, 21.7.1983

In Wintersingen ist mehrheitlich in den Achtzigerjahren eine Gesamtmelioration durchgeführt worden. Dabei hat man Landparzellen zusammengelegt und neuen Eigentümern zugeteilt. Vier Aussiedlerhöfe (Neusiedlungen) und zwei Ställe wurden neu gebaut. Die Landwirte können so lange Anfahrtswege zu ihrem Land...

Entwicklungen bei den landwirtschaftlichen Bauten

Bild 24 (vgl. Bild 23):   Neusiedlung im Gebiet Brunn, Wintersingen, Juni 1994

...einsparen. In der Regel werden die Landflächen, welche in der Nähe eines Hofs liegen, intensiver bewirtschaftet als die weiter entfernten. So natürlich auch bei Aussiedlerhöfen – mit deutlich sichtbaren Folgen für die lokale Kulturlandschaft. Auf unserem Bildpaar stechen vor allem die Änderungen bei den Obstbäumen ins Auge.

Kapitel 1: Blicke auf die Intensivierung der Landwirtschaft

Bild 25 (vgl. Bild 26):   Wintersingen, 21.7.1983

In Wintersingen betrug 1983 die Länge des Weg- und Strassennetzes 44,8 km. Im Rahmen der Gesamtmelioration wurden zwischen 1983 und 1994 9,1 km Wege und Strassen aufgehoben, 18,3 km entstanden neu (Tanner & Zoller 1996a, S. 108). Wege verändern das Landschaftsbild nachhaltig und bringen eine Zunahme von Störungen...

Bild 26 (vgl. Bild 25):   neuer Feldweg, Wintersingen, Juni 1994

...in die angrenzenden Gebiete. Andererseits können an und auf Feldwegen mit Naturbelägen aber auch neue wertvolle Kleinlebensräume entstehen (Krautsäume, Böschungen, artenreiche Mittelstreifen). Es gilt bei jedem Wegprojekt, die möglichen Auswirkungen sorgfältig abzuwägen.

Entwicklungen bei den landwirtschaftlichen Bauten

Bild 27 (vgl. Bild 28): Weg mit Naturbelag, Wintersingen, 20.7.1983

An Feldwegen sind in den letzten Jahren (nicht nur bei Gesamtmeliorationen) vielerorts Veränderungen vorgenommen worden. Man hat sie verbreitert und mit Hartbelägen versehen, angrenzende Böschungen...

Bild 28 (vgl. Bild 27): geteerter Weg, Wintersingen, Juni 1994

...wurden entfernt. Feldweg ist – so gesehen – nicht mehr gleich Feldweg. Während ein Weg mit einem grünen Mittelstreifen kaum als Barriere für Kleintiere wirken kann, ist dies bei einem breiten geteerten Feldweg bereits viel eher der Fall.

Bild 29: Wegteerung im Schönthal, Langenbruck, 1935

Der Staubplage entlang von ungeteerten Wegen versuchte man mit verschiedenen Mitteln beizukommen. In Liestal hatte man beispielsweise schon 1903 einen «Strassensprengwagen» angeschafft (Klaus 1970, S. 58), um den Staub mittels Salzlösungen zu binden. Das wirksamste Mittel aber war die Teerung. Das Bild zeigt, dass schon früh weit ausserhalb der Dörfer Wege geteert wurden.

Vom Zugtier zum Traktor

Immer mehr Land wird von immer weniger Personen bewirtschaftet: Der grösste Teil der Arbeitsleistung wird heute durch Maschinen erbracht. Neben den Geräten zur manuellen Bodenbewirtschaftung sind früh schon Pferde und Rinder zum Ziehen von Wagen, aber auch zum Pflügen, eingesetzt worden. Im 20. Jahrhundert kamen in rascher Abfolge immer mehr und neue Maschinen zum Einsatz. Zunächst wurden sie von Zugtieren gezogen (z.B. Pferdemähmaschinen, Heuwender, Pferderechen, Sämaschinen). Der Pferdebestand nahm denn auch vor dem Zweiten Weltkrieg stetig zu. Nach dem Krieg lösten Motorfahrzeuge die Zugtiere ab (vgl. Grafik 5). Dies bedeutete schlagartig, dass ein Grossteil der für die Arbeitsleistung benötigten Energie nicht mehr (in Form von Gras für die Zugtiere) auf dem Hof produziert, sondern (in Form von billigem ausländischem Treibstoff) von aussen zugeführt wurde. Auf einem grösseren Betrieb im Bezirk Arlesheim ist das Maschinenkapital je Hektare Land allein zwischen 1943 und 1964 von 500 auf 1650 Franken angestiegen (Buess, Peter 1968, S. 63).

Jede neue Maschinengeneration ermöglicht mehr Rationalisierungen. Die Arbeiten des Bindemähers und der Dreschmaschine werden heute in einem Schritt vom Mähdrescher geleistet. Für die Heuernte werden effiziente breite Mähmaschinen, kombinierte Maschinen für das Verteilen, Wenden und Zusammenmachen des Grases und schliesslich Ladewagen eingesetzt. Das Heu muss nicht mehr von Hand auf dem Heustock verteilt werden; ein Gebläse besorgt dies. Die Kartoffelernte wird mit einer Vollerntemaschine eingebracht, der Mais wird auf dem Feld für das Silo gehäckselt. Das Melken wird von einer Melkanlage geleistet, der Mist mit einem Kran auf den Miststreuer geladen u.s.w. Auch die steilen Hänge in der Bergzone können immer besser maschinell bearbeitet werden. ●

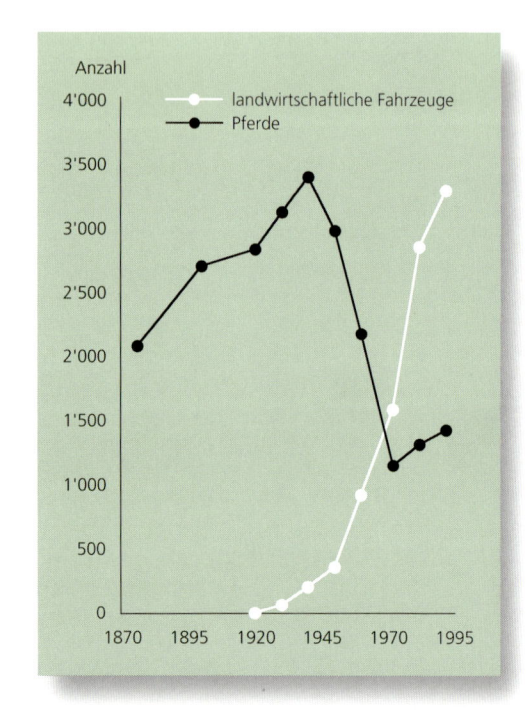

Grafik 5 (vgl. Tabellen 5a und 5b): Anzahl Pferde und landwirtschaftlicher Fahrzeuge im Kanton Basel-Landschaft

Nach dem Zweiten Weltkrieg wurden die Pferde als Zugtiere immer mehr von landwirtschaftlichen Fahrzeugen abgelöst. In jüngster Zeit nimmt die Zahl der Reitpferde zu.

Vom Zugtier zum Traktor

Bild 30: eine Pferdestärke, Rünenberg, 1945

Die Kartoffelernte in Rünenberg ist vorüber. Was nicht für den Eigengebrauch benötigt wird, kann zur Station Sommerau gebracht werden, wo der Bahnverlad stattfindet. Die ältere Generation führt diesen Transport mit einem Pferdegespann aus, wie man es seit Jahrzehnten immer getan hat.

Bild 31: Traktor, Rünenberg, 1945

Die junge Generation bringt ihre Kartoffeln mit einem Traktor zur Sommerau. Der Motor wird mit einem Holzvergaser betrieben. Der Wagen ist mit Pneus bestückt. Eine grössere Menge Kartoffeln kann rascher transportiert werden. Die Zukunft gehört dem Traktor.

Kapitel 1: Blicke auf die Intensivierung der Landwirtschaft

Bild 32: Kuhgespann (Heimholen der Garben), Brislach, vor 1950

Heute werden bei uns Rinder ausschliesslich zur Milch- und Fleischproduktion gehalten. Bis in die Fünfzigerjahre des 20. Jahrhunderts hat man sie aber auch eingespannt. Kühe waren sogar während langer Zeit die am häufigsten verwendeten Zugtiere, vor allem auf den kleinen und mittelgrossen Bauernbetrieben. Auch Zugochsen gab es da und dort. Pferde hielt man in der Regel auf den grösseren Höfen. Sie wurden vor allem für schwerere Arbeiten und zum Ziehen der immer mehr aufkommenden Maschinen (z.B. Pferderechen) eingesetzt. (Nach mündlichen Mitteilungen von Walter Abt-Straumann, Sissach, und Hans Schäfer-Rudin, Seltisberg; je 1999.)

Bild 33: Gusti Abt (geb. 1902) mit Kuhgespann, Bretzwil, um 1920

Vom Zugtier zum Traktor

Bild 34: Pflügen mit einem Kuhgespann, auf Berg, Liestal, um 1940

Die Kühe wurden für die Arbeitseinsätze mit speziellen Hufeisen je vorne an den Aussenklauen beschlagen. Selbstverständlich erbrachten sie neben dem Ziehen nicht noch grosse Milchleistungen.

Bild 35 (Ausschnitt aus Bild 205): Kuhgespann beim Törli, Liestal, 1887

Vor dem Törli befand sich die Waage. Auf dem Bild wird gerade eine Wagenladung Brennholz gewogen – vielleicht, um danach verkauft zu werden. Wie man sieht, wurden Kühe für Transporte jeglicher Art herangezogen, und dies im Siedlungsraum ebenso wie ausserhalb der Häuser.

Kapitel 1: Blicke auf die Intensivierung der Landwirtschaft

Bild 36: Getreideernte, Reigoldswil, vor 1960

Die Ernte des Getreides erfolgte noch in der ersten Hälfte des 20. Jahrhunderts in vielen Arbeitsschritten: Nach dem Mähen (früher mit der Sense, später mit der Mähmaschine) wurden die Halme büschelweise mit Garbenseilen zu Garben gebunden. Diese Arbeit wurde stets von vielen Händen geleistet.

Vom Zugtier zum Traktor

Bild 37: Garbenfeld (Puppen), Langenbruck, 1935

Die Garben wurden zu Puppen aufgestellt und so einige Tage getrocknet. Danach holte man sie nach Hause (vgl. Bild 32) und lagerte sie auf der «Bühne». Im Spätherbst folgte dann das Dreschen (früher mit dem Dreschflegel, später mit der Dreschmaschine). Es gab «Stördrescher» mit fahrbaren Dreschmaschinen, welche Hof um Hof bedienten.

Bild 38: Mähdrescher, Lampenberg, 17.7.1999

Nach dem Zweiten Weltkrieg brachten Bindemäher eine erste Rationalisierung der Erntearbeiten. Seit rund vierzig Jahren werden nunmehr alle Arbeitsschritte, vom Mähen bis zum Dreschen, von einer Maschine durchgeführt: Der Mähdrescher hat eine enorme Rationalisierung gebracht. In wenigen Stunden wird heute von einer Person mit Hilfe einer einzigen Maschine dieselbe Arbeit verrichtet, welche früher viele Menschen tagelang beschäftigte.

Kapitel 1: Blicke auf die Intensivierung der Landwirtschaft

Bild 39: Heuet, Langenbruck, 1912

Auch das Heuen war früher mit sehr viel Handarbeit verbunden. Die grossen Wiesenflächen wurden mit der Sense gemäht («Mäiä»), dann wurde das Gras verteilt («Zettä»), später gewendet («Cherä»). Wenn Regen drohte, machte man kleine Haufen («Schöchlä»). Das gedörrte Gras wurde mit der Gabel...

Vom Zugtier zum Traktor

Bild 40: Emdet (zweiter Grasschnitt), Langenbruck, 1932

...auf Reihen gebracht («Zämämachä») und auf Wagen geladen («Ladä»). Mit dem Rechen wurden noch die letzten Halme zusammengenommen («Rächä»). Danach wurde das Heu zu den Höfen und Feldscheunen transportiert. Im Faltenjura geschah dies mit «Schneckenwagen» (links im Bild zu sehen).

Kapitel 1: Blicke auf die Intensivierung der Landwirtschaft

Bild 41 (vgl. Bilder 42 und 43):   Heuet, Langenbruck, um 1925

Zog ein Unwetter auf, mussten schnell von vielen fleissigen Händen zahlreiche «Schöchli» gemacht werden. Auf dem Bild sind mindestens acht Arbeitskräfte zu sehen. Heute kann auch unvollständig getrocknetes Futter (zum Beispiel vor Gewittern) heimgebracht werden. Dank der Heubelüftung besteht die Gefahr der Überhitzung des Heustocks nicht mehr.

Vom Zugtier zum Traktor

Bild 42 (vgl. Bilder 41 und 43):   Heuet, Langenbruck, 20.7.1995

Ab 1900 kamen im Flachland zunehmend Mäh- und Wendemaschinen für die Heuernte in Gebrauch. Sie wurden von Tieren gezogen. Mähmaschinen hatte es zwar schon seit 1850 gegeben, aber sie waren sehr teuer und arbeiteten oft nicht zufrieden stellend (Klaus 1985, S. 222f). Nach dem Zweiten Weltkrieg...

Bild 43 (vgl. Bilder 41 und 42):   Heuet, Langenbruck, 20.7.1995

...setzten sich rasch sehr effiziente Hilfsmittel durch. Inzwischen kann auch in den Hanglagen der ganze Heuet von einer Person mit wenigen Maschinen (vor allem Mähmaschine, Kreiselheuer, Ladewagen) bewältigt werden.

Ertragssteigerung durch Düngung und Pflanzenschutz

Wohl seit Landwirtschaft betrieben wird, gibt es auch Massnahmen zur Steigerung der Erträge. Im weiteren Sinne gehören alle oben schon betrachteten Meliorationsschritte dazu. Sie haben ja den Zweck, das Terrain für die landwirtschaftlichen Kulturen zu verbessern. In diesem Abschnitt sollen im engeren Sinn Massnahmen betrachtet werden, welche direkt das Wachstum der Pflanzen beeinflussen. Mittel zur Steigerung der Produktivität der Tiere – wie künstliche Besamung, Embryotransfer, spezielle Futterzusätze – bleiben ausgeklammert, da ihre Entwicklung kaum mit Bildern gezeigt werden kann und sie sich auch nicht direkt landschaftsverändernd auswirken.

Zwischen 1911 und 1980 hat sich der Körnerertrag des Brotgetreides in der Schweiz von durchschnittlich 21,1 auf 42,8 Zentner (zu 100 Kilogramm) je Hektare erhöht, in siebzig Jahren ist also mehr als eine Verdoppelung auszuweisen (Brugger 1985, S. 158). Dafür verantwortlich sind die vermehrte Düngung, der Einsatz verschiedener Pflanzenschutzmittel, aber auch die Züchtung von immer ertragreicheren Sorten, der Einsatz von Halmverkürzern, die Reinigung und das Beizen des Saatguts.

Die meisten dieser Eingriffe bleiben praktisch unsichtbar. Man müsste schon frühe Fotografien von einzelnen Äckern mit neuen vergleichen, um Unterschiede genau zeigen zu können. Da alte Detailbilder – wie bei den Kleinstrukturen – in der Regel fehlen, sind Ertragszahlen umso wichtiger. Sie offenbaren auf indirektem Weg einen Landschaftswandel, welcher auf grossen Flächen, weitgehend unbemerkt, stattgefunden hat. Lediglich die Botaniker stellen in den alten Floren und Herbaren fest, dass zahlreiche Arten der Ackerbegleitflora, einstige «Unkräuter», heute (fast) verschwunden sind. Ähnliches ist zu den Wiesen und Weiden zu sagen. Leider sind auch hier kaum alte Bilder zu finden, auf welchen die Pflanzengarnitur eindeutig zu bestimmen

---

Diepflingen: «Das Wasser des Homburgerthales ist auch sehr vortheilhaft zur Bewässerung der Matten im Thalgelände, da es eine Menge mineralischer Stoffe mit sich führt, welche für die Düngung der Wiesen von grösstem Vortheil sind.»

Quelle: Tschudi (1863), S. 130a

Oltingen: «...ein Joh. Gass entdeckte die Lettgruben, wo nun Dünger hergenommen wird. Der Mergel ist schieferig, blau. Im Winter bringt man ihn auf die Wiese, wo er erfriert, so dass er im Frühjahr leicht zertheilt werden kann. Eine gemergelte Wiese ist für mehrere Jahre gedüngt.»

Quelle: Schilling (1863), S. 737

Ertragssteigerung durch Düngung und Pflanzenschutz

ist. Tatsache ist aber, dass die früher weit verbreiteten Arten der Glatthaferwiese infolge des zunehmenden Einsatzes von Mineraldüngern stark zurückgegangen sind. Sie konnten mit den frühtreibenden, raschwüchsigen Gräsern nicht konkurrieren (vgl. Zoller, Strübin & Amiet 1983). Die vermehrte Zahl von Grasschnitten verunmöglicht den Bodenbrütern unter den Vögeln das Hochbringen einer Brut.

Die Düngerstatistik spricht eine deutliche Sprache: Die Entwicklung der Einfuhr von Stickstoff-, Phosphorsäure- und Kalidünger in die Schweiz geht aus der Grafik 6 hervor. Seit den Fünfzigerjahren hat sich in den Handelsdüngern das Mengenverhältnis zwischen den Hauptnährstoffen Stickstoff, Phosphorsäure und Kali stetig zugunsten des Stickstoffs verschoben. Darin liegt in erster Linie die Ursache für die enorme Steigerung der Erträge (Brugger 1985, S. 135). Der Düngereinsatz rentiert sich aber nur bis zu einer bestimmten Quote. Strahm (1987, S. 159) zeigt, dass es, ausgehend von einer mittleren Düngung, bei vier Weizensorten für eine nur zehnprozentige Steigerung des Körnerertrags 83 Prozent mehr Dünger braucht.

Vor der Zeit der Mineraldünger gab es bereits eine reiche Palette von – aus heutiger Sicht – «sanften» Dünge-Methoden. Eine lange Tradition hatten das Wässern der Matten und das Ausbringen von Mergel (vgl. Suter 1988). Mit der zunehmenden Stallhaltung des Viehs konnte ab dem späten 18. Jahrhundert die Erzeugung von Hofdünger vermehrt werden. Um die Mitte des 19. Jahrhunderts setzte man neben Jauche und Mist auch Knochenmehl, Hornspäne und bereits schon Guano ein. Der Jauche wurde an gewissen Orten Vitriol und Asche beigemischt. Beliebt war ferner die Erzeugung von Kompost. Seine Zusammensetzung wird von Oltingen wie folgt beschrieben: «...zusammengeschlagene Erde vom Ökonomiehof, gemengt mit allerlei Abfällen und Unrath, mit Gyps, Asche und Mauerschutt, Sägmehl, gebranntem Kalk, Torfasche» (Schilling 1863, S. 739f). Ab Beginn des 20. Jahrhunderts wurde dann das Thomasmehl, ein Nebenprodukt aus der Stahlproduktion, zum Hauptdünger neben Jauche und Mist.

Neben der «Dünger-Revolution» hat eine «Spritzmittel-Revolution» die Landbewirtschaftung der letzten Jahrzehnte verändert. «Chemische Verbindungen ersetzen die einst jätenden Hände auf den Äckern» (Buess, Otto 1968, S. 79). Neben den Herbiziden kommen verschiedene Mittel zum Schutz der Kulturpflanzen vor Insekten- oder Pilzbefall zum Einsatz. Ausserdem werden – noch immer – Sträucher an Waldrändern oder in verbuschten Weiden chemisch abgetötet. ●

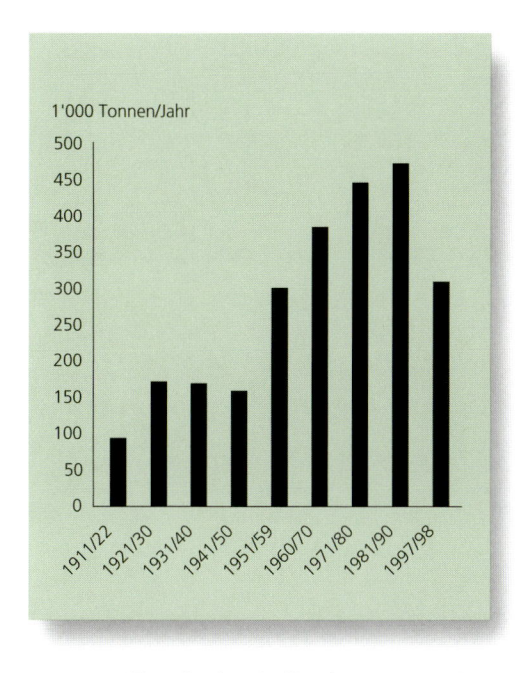

Grafik 6 (vgl. Tabelle 6): Menge der in die Schweiz eingeführten Stickstoff-, Phosphorsäure- und Kalidünger (Jahresmittel)

Die Düngereinfuhr ist indirekt ein Mass für den Düngerverbrauch. In jüngster Zeit ist ein deutlicher Rückgang der Importe zu verzeichnen. Durch vermehrte Bodenanalysen wird der Düngereinsatz optimiert.

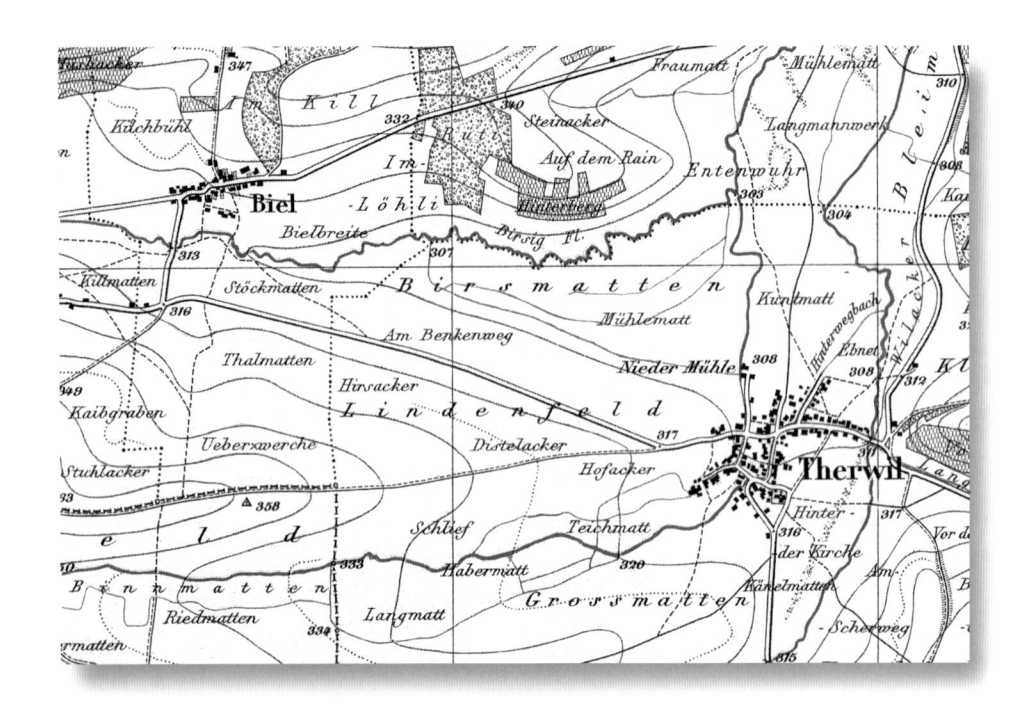

Kapitel 1: Blicke auf die Intensivierung der Landwirtschaft

Karte 1 (vgl. Karte 2):   offene Gewässer, Oberwil/Therwil/Biel-Benken, 1877

Das Wässern der flachen Wiesengrundstücke in den Talböden war noch im 19. Jahrhundert sehr verbreitet. Die Bäche wurden dafür zum Teil an den Rand der Täler verlegt. Ein Netz von kleinen und kleinsten Kanälen mit Schiebern ermöglichte ein gezieltes Überfluten der Wiesen. Die Schwebstoffe brachten eine wirksame Düngung der Grundstücke. Niederer (1863, S. 204) berichtet etwa von Lampenberg, dass die Wässermatten drei bis fünf Mal gemäht würden. Es sei das teuerste Land der Gemeinde. Auf dem Kartenausschnitt 1 sind nur die wichtigen Kanäle eingetragen. Der Kartograf hat die zahlreichen kleinen Gräben nicht aufgenommen. Die Wässermatten waren bedeutende Lebensräume für Amphibien...

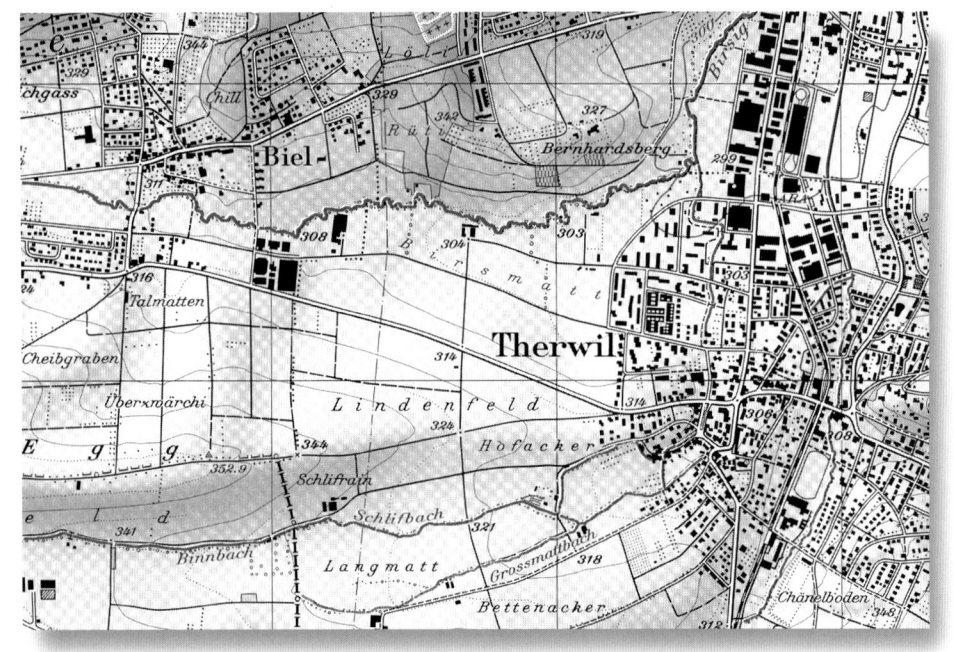

Karte 2 (vgl. Karte 1):   offene Gewässer, Oberwil/Therwil/Biel-Benken, 1994

...und Reptilien, beispielsweise Ringelnattern *(Natrix natrix)*, aber auch Rastplätze für ziehende Watvögel. Von Therwil heisst es 1869: «Erlen befinden sich besonders an den Rändern der Matten, an den Gestaden der Bäche und Bewässerungsgräben in grosser Menge. In neuerer Zeit aber werden viele ausgereutet, indem sie dem Graswuchs sehr nachtheilig sind» (Gutzwiler, 1869, S. 703). Die Wässermatten, und mit ihnen die zahlreichen Kanäle und Gräben als bereichernde Landschaftselemente, sind schon zu Beginn des 20. Jahrhunderts bei uns weitgehend verschwunden. Viele von ihnen liegen heute in den Bauzonen. Zur Geschichte der Gewässer von Therwil sei auf den Aufsatz von Buser-Gutzwiller (1999, S. 241ff) hingewiesen.

Ertragssteigerung durch Düngung und Pflanzenschutz

Bild 44: Miststock, Jauchepumpe und Jauchewagen, Lausen, 1941

Die Stallhaltung des Viehs ermöglichte das Sammeln von Mist und Jauche. Die Viehbestände waren klein und die Jauchegruben auch. Von Hand wurde die Jauche in Wagen geschöpft oder gepumpt. Später kamen Jauchefässer, mit Motoren betriebene Jauchepumpen und Rohrleitungen aus Metall.

Bild 45: Jauchedruckfass in Aktion, Langenbruck, Juli 1988

Heute sind die Viehbestände und auch die Jauchegruben gross. Starke Pumpen schicken die Jauche durch lange Kunststoffschläuche aufs Land hinaus, oder sie wird – wie hier auf dem Bild – mit dem Druckfass in entlegene Winkel gesprüht.

Kapitel 1: Blicke auf die Intensivierung der Landwirtschaft

Bild 46: Ausbringen des Mists, Lauwil, 13.10.1995

Das Ausbringen des Stallmists war vor der Mechanisierung der Landwirtschaft eine aufwändige Angelegenheit für mehrere Arbeitskräfte: Der Mist wurde von Hand auf Karren geladen und aufs Land geführt. Dort musste er in kleinen Haufen deponiert und schliesslich mit der Gabel verteilt werden. Heute wird der Mist mit einem Kran auf den Miststreuer gebracht und mit diesem fahrend – auch in Hanglagen – auf dem Feld fein verteilt.

Bild 47: Mineraldüngersäcke, 12.7.1991

Seit den Sechzigerjahren sind bei den Mineraldüngern zunehmend Mischdünger mit den Hauptnährstoffen Stickstoff, Phosphorsäure und Kali im Handel. Besonders durch die Stickstoffdüngung werden die Futtererträge enorm gesteigert. Rasch und stark wachsende Gräser (wenige Arten) verdrängen die Mehrzahl der früher verbreiteten Wiesenpflanzen. Die heutigen Fettwiesen sind deshalb sehr artenarm.

Ertragssteigerung durch Düngung und Pflanzenschutz

Bild 48: unterschiedlich gedüngte Flächen, Langenbruck, 28.4.1987

Die beiden Bilder zeigen, wie sehr die Zusammensetzung der Pflanzendecke durch unterschiedliche Düngung beeinflusst wird. Das Land auf beiden Seiten des Zauns wird von zwei verschiedenen Bewirtschaftern bearbeitet. Auf Bild 48 kommt rechts die Frühlings-Schlüsselblume *(Primula veris)* zahlreich vor, links des Zauns ist sie – auf einen Schlag – nicht mehr vorhanden, da dort stärker gedüngt worden ist.

Bild 49: unterschiedlich gedüngte Flächen, Langenbruck, 30.5.1987

Bild 49 zeigt dieselben Grundstücke einen Monat später. Auf der stärker gedüngten Fläche, im Vordergrund, ist viel mehr Pflanzenmasse – vor allem Wiesenkerbel *(Anthriscus sylvestris)*, ein Stickstoffzeiger – gewachsen als auf der schwächer gedüngten.

Kapitel 1: Blicke auf die Intensivierung der Landwirtschaft

Bild 50: totgespritzter Hahnenfuss, 13.5.1992

Durch den Einsatz von Herbiziden können heute «Unkräuter» wirksam von den Feldern ferngehalten werden – eine von verschiedenen Massnahmen zur Steigerung der Erträge. Die intensive Handarbeit des Jätens entfällt.

Insektizide: «Die Invasion des Kartoffelkäfers in der Schweiz seit 1937 und die Intensivierung des Ackerbaus im Rahmen des kriegswirtschaftlichen Mehranbaus beschleunigten die allgemeine Durchsetzung der chemischen Schädlingsbekämpfung. 1939 gelang mit der Entdeckung von DDT durch den Basler Chemiker Paul Müller bei Geigy der wissenschaftliche Durchbruch auf der Suche nach Ersatzstoffen für das gefährliche Arsen. Da das im Handel als ‹Gesarol› erhältliche DDT-Produkt und wenig später das verwandte HCCH-Produkt ‹Hexa› (das spätere Lindan) als hochwirksam gegen Insekten und ungefährlich für Mensch und Säugetiere galten, erhielten sie den Ruf von Wundermitteln. [...] Wegen ihrer breiten Wirksamkeit setzte man sie seit dem Zweiten Weltkrieg in grossem Umfang ein – nicht nur gegen Maikäfer, sondern auch gegen Läuse, Fliegen, Mücken und viele Pflanzenschädlinge. [...] Die unerhörte Persistenz und Mobilität der Organochlor-Insektizide dürfte den Ausschlag gegeben haben, dass die meisten dieser Stoffe seit Anfang der 70er Jahre in vielen Ländern verboten wurden.»

Quelle: Straumann (1994), S. 196

Ertragssteigerung durch Düngung und Pflanzenschutz

Bild 51: totgespritzte Hecke, 3.8.1989

Die chemischen Mittel werden leider auch missbräuchlich eingesetzt, wie die Bilder 51 und 52 zeigen. Hecken sind bundesrechtlich geschützt. Es ist verboten, sie abzutöten.

Bild 52: totgespritzter Waldrand, 14.10.1995

Gestufte und gebuchtete Waldränder sind von ihrer ökologischen Bedeutung her vergleichbar mit Hecken. Der überwiegende Teil der Waldränder weist aber heutzutage fast keine Mantelgebüsche auf, weil sowohl die Forst- als auch die Landwirtschaft ihnen lange Zeit keinen Platz zugestehen wollten. Inzwischen hat aber ein Umdenken eingesetzt. Mit gezielten Eingriffen wird deshalb gegenwärtig an vielen Orten mehr Platz für Saum und Mantel geschaffen. Am Anfang der Lösung eines Waldrand-Problems muss heute nicht mehr ein Gift-Einsatz stehen, sondern ein Gespräch zwischen Landwirt und Förster.

Kapitel 2

Blicke auf einzelne Bereiche der Bodenbewirtschaftung

Die folgenden Abschnitte sollen augenfällige Entwicklungen in den wichtigsten Zweigen der Landwirtschaft sichtbar machen. Zu betrachten sind einerseits das Ackerland und die der Viehwirtschaft dienenden Wiesen und Weiden, andererseits bedeutende Spezialkulturen wie Obst- und Rebbau und die Anbauflächen der Nebenerwerbslandwirtschaft. Sie alle prägen den Charakter der offenen Landschaft.

Insgesamt zeigen sich Verschiebungen der Flächenanteile einzelner Anbauzweige. Daneben ist infolge der Rationalisierungsmassnahmen eine zunehmende Tendenz zur Separation festzustellen: Es fällt auf, dass die Flächen für die einzelnen Kulturen immer weniger ineinander verzahnt sind und dass sie immer grösser werden. Darin manifestiert sich – indirekt, aber deutlich – die Tatsache, dass die Bewirtschaftung des Bodens zunehmend zur Aufgabe von einigen wenigen Berufsleuten geworden ist. ●

Äcker, Wiesen und Weiden gestern und heute

In der Zeit der Dreifelderwirtschaft wurde der grösste Teil des Kulturlands für extensiven Ackerbau in den drei Zelgen, welche zu jeder Siedlung gehörten, benötigt. Daneben wurde auf den Wiesenflächen Heu für die Ernährung der kleinen Viehbestände während des Winters gewonnen. Ausserdem konnten bereits in der Mitte des 19. Jahrhunderts beträchtliche Mengen Futter nach Basel und ins Elsass exportiert werden (Epple 1996, S. 217). Im Einzugsgebiet der Ergolz waren diese Wiesen in der Regel die Wässermatten im Tal, die nassen Grundmatten und die steilen siedlungsfernen Bergmatten (Suter 1926, S. 120f). Das Vieh suchte sich im Sommer sein Futter vor allem auf den Weiden (inklusive Waldweiden), auf den Brachflächen und nach der Ernte auch auf den übrigen Zelgen.

Eine besondere Stellung nahmen die grossen Weideareale der alten Sennhöfe ein. Sie lagen vor allem entlang des Faltenjura-Nordfusses und im Bereich des Blauens. Zunächst wurden sie nur im Sommer betrieben. Die Abtrennung von Äckern und Wiesen machte die Überwinterung des Viehs, und damit eine dauerhafte Besiedlung, möglich (vgl. Suter 1926, S. 96ff und Epple 1996, S. 202ff und 230ff). Im 20. Jahrhundert sind die Weiden, zum Teil als Sömmerungsbetriebe, weitgehend erhalten geblieben.

Mit der Aufhebung der Dreifelderwirtschaft fiel der Flurzwang weg, und die Bauern konnten die Landnutzung neu organisieren. Der oft unrentable Getreidebau ging zurück, die Viehwirtschaft mit Stallfütterung nahm zu, und dementsprechend wuchsen auch die Grünlandflächen, besonders die Wiesen. Vermehrt wurde Milch in die Stadt Basel geliefert. Entsprechende Veränderungen waren in der ganzen schweizerischen Landwirtschaft des 19. Jahrhunderts zu beobachten, nachdem durch den aufkommenden Welthandel die Bedeutung der Selbstversorgung stark abgenommen hatte (Buess, Otto 1968, S. 75f).

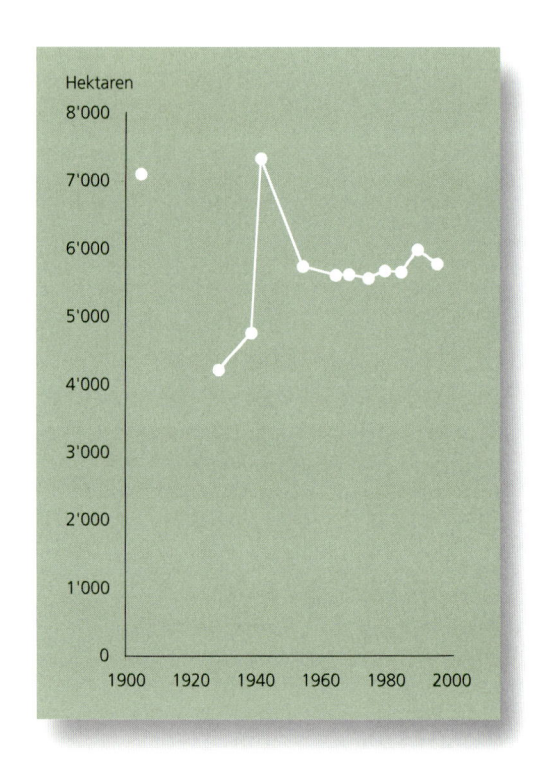

Grafik 7 (vgl. Tab. 7): Fläche des offenen Ackerlands im Kanton Basel-Landschaft

Die Entwicklung der Ackerflächen war im 20. Jahrhundert von grossen Schwankungen geprägt. Von 1905 bis 1929 liegen keine Zahlen vor; die Kurve wurde dort nicht ausgezogen.

Äcker, Wiesen und Weiden gestern und heute

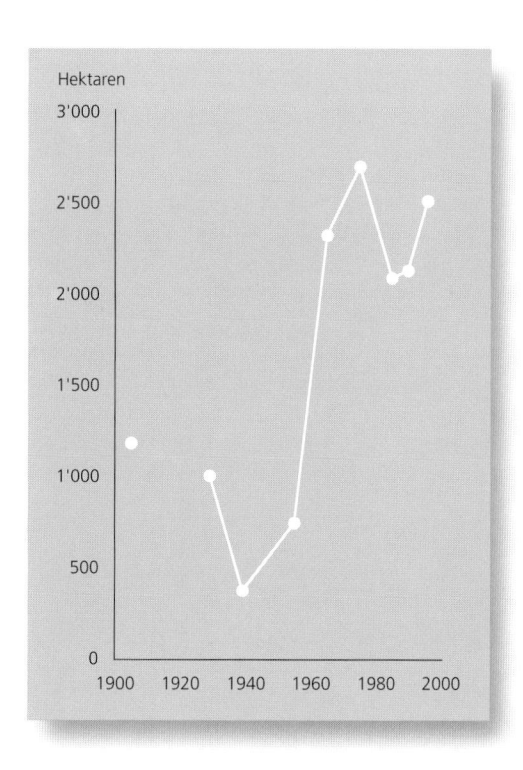

Grafik 8 (vgl. Tabelle 8): Weidelandfläche im Kanton Basel-Landschaft

Auch beim Weideland gab es starke Schwankungen hinsichtlich seiner Ausdehnung, welche zum Teil mit den Veränderungen bei den Äckern zu tun hatten, aber auch mit Schwankungen beim Kunstfutterbau und bei den Naturwiesen. (Ein Vergleich mit Grafik 7 ist deshalb nur bedingt sinnvoll.) Da auch hier die Werte für die Zeit des Ersten Weltkriegs fehlen, haben wir die Punkte von 1905 und 1929 ebenfalls nicht miteinander verbunden.

Schon während des Ersten Weltkriegs wurden die Ackerflächen zwangsweise wieder erhöht. Nach dem Krieg dehnte sich die Viehwirtschaft erneut rasch aus. Aber bereits 1921/22 kam es zu massiven Problemen beim Absatz der Milch (Huber 1964, S. 70). Schon vor dem Zweiten Weltkrieg, und dann vor allem im Rahmen des Anbauwerks von Friedrich Traugott Wahlen («Anbauschlacht»), wurde das offene Ackerland abermals gewaltig ausgedehnt – um nach dem Krieg erneut reduziert zu werden.

In jüngerer Zeit ist – nicht zuletzt infolge der Milchkontingentierung – insgesamt wieder eine leichte Zunahme der Ackerflächen zu beobachten. Nach dem Zweiten Weltkrieg begann ausserdem die Erfolgsgeschichte des Maises (vgl. Grafik 9). Als auffällige Monokultur drückt er heute grossen Teilen der Agrarlandschaft seinen Stempel auf. Daneben ist die Kartoffel auf einen «absteigenden Ast» gekommen (vgl. Grafik 10). Ihre Entwicklung kann unter anderem als Zeiger für die Veränderung der Essgewohnheiten bei zunehmendem Wohlstand dienen.

Heute sind regelmässige Fruchtwechsel zwischen Getreide, Hackfrüchten und Futterpflanzen mitverantwortlich für das Heranwachsen von andauernd hohen Erträgen. Da einerseits der Ernteertrag pro Flächeneinheit enorm gestiegen ist und andererseits die Ackerflächen ausgedehnt wurden, sind aber in den letzten Jahren im Ackerbau auch Überschüsse entstanden. Deshalb experimentieren da und dort Landwirte mit Chinaschilf, einem nachwachsenden Rohstoff. Und Bund und Kanton fördern im Rahmen des ökologischen Ausgleichs die Stilllegung von Ackerland, indem sie Flächenbeiträge für die Anlage von Buntbrachen ausrichten.

Die vergangenen hundert Jahre sind somit geprägt von einem häufigen Hin und Her zwischen Wiesen-, Weide- und Ackerflächen. Dies geht auch aus den Grafiken 7 und 8 hervor (leider fehlen darin Zahlen für die Zeit des Ersten Weltkriegs). Die Wechsel sind im Landschaftsbild deutlich erkennbar. Für die Bildvergleiche spielt somit eine entscheidende Rolle, aus welchen Jahren die jeweiligen ersten Bilder stammen. Aufgrund von Fotos können besonders Aussagen über die Lage der Äcker im Raum und über ihre Grösse gemacht werden. Jedoch schon bei der Frage, welche Produkte angebaut wurden, zeigen sich Grenzen: Die verschiedenen Getreidesorten sind kaum identifizierbar. Wichtig ist auch die Jahreszeit der Aufnahmen. Im Frühjahr und im Spätsommer lassen sich Äcker und Wiesen nur schlecht voneinander unterscheiden. ●

Kapitel 2: Blicke auf einzelne Bereiche der Bodenbewirtschaftung

Bild 53 (vgl. Bild 54): Blick vom Egghübel, Lampenberg, auf das Waldenburgertal mit dem Dielenberg, um 1910(?)

Die beiden Bilder vom Egghübel sind aus je zwei Fotografien zusammengesetzt. Vor dem Ersten Weltkrieg ging der Getreideanbau stark zurück, da er weniger rentierte als die Viehwirtschaft. Die so genannte «Vergrünlandung» der Landschaft wurde von vielen Menschen als Verarmung erlebt. Aus heutiger Sicht führte sie aber wohl an vielen Orten zu einer Erweiterung des Spektrums der Pflanzenarten, denn das entstehende «Grünland» setzte sich aus bunten Glatthaferwiesen (zum Beispiel im Vordergrund von Bild 53), Magerwiesen und mageren Weiden zusammen. In den Glatthaferwiesen waren einst so verbreitete Arten wie Wucherblume *(Leucanthemum vulgare)*, Witwenblume *(Knautia arvensis)*, Habermark *(Tragopogon pratensis)*, Wiesensalbei *(Salvia pratensis)*, Esparsette *(Onobrychis viciifolia)*, Kuckucksnelke *(Lychnis flos-cuculi)* und weitere zahlreich zu finden. Nach dem Zweiten Weltkrieg sind diese Wiesen durch eine Intensivierungswelle mit Mineraldünger, aber auch durch die Anlage von Kunstwiesen, stark zurückgedrängt worden (vgl. Zoller, Strübin & Amiet 1983 und Klein 1985). Bild 53 zeigt die erwähnte Vergrünlandung. Nur wenige Ackerflächen sind eindeutig auszumachen. Auf Bild 54 sind demgegenüber grosse Äcker zu erkennen. Bei einigen Flächen lässt sich nicht eindeutig feststellen, ob es sich um Äcker oder Wiesen handelt.

Äcker, Wiesen und Weiden gestern und heute

Bild 54 (vgl. Bild 53): Blick vom Egghübel, Lampenberg, auf das Waldenburgertal mit dem Dielenberg, 17.7.1999

Der Rückgang der Ackerflächen (Vergrünlandung) wurde auch optisch wahrgenommen: «Das Flurbild der Gegenwart wird im Gegensatz zum geschilderten gerne als eintönig bezeichnet, weil sich der Pflanzenbestand vereinfacht hat. [...] Dafür aber ergab sich durch die Aufhebung des Flurzwanges an Stelle der ehemaligen einheitlichen Zelgen eine bunte Mannigfaltigkeit des Anbaues. Kreuz und zwerch dehnen sich die Grundstücke aus. Wiesen wechseln mit Kornfeldern und Kartoffeläckern, [...] Ein ästhetisches Werturteil über die Vorzüge von Einst und Jetzt zu fällen, ist gewagt. Es würde nur persönlich ausfallen. Dem alten Manne, der in seiner Jugendzeit noch die alte Feldflur mit eigenen Augen geschaut hat, wird das Vergangene schöner und farbenfroher erscheinen, die Jugend hingegen wird sich ihre Freude am Gegenwärtigen nicht nehmen lassen.»

Quelle: Suter (1926), S. 112f

Kapitel 2: Blicke auf einzelne Bereiche der Bodenbewirtschaftung

Bild 55 (vgl. Bild 56): Blick von der Rebmatt, Niederdorf, auf den linken Abhang des Waldenburgertals, vor 1950

Bild 55 kann leider nicht genau datiert werden. Es zeigt nur wenige Ackerflächen, deutlich weniger als Bild 56, und ist deshalb mit grosser Wahrscheinlichkeit vor dem Zweiten Weltkrieg aufgenommen worden. Es fällt auf, dass die einzelnen Äcker nur klein waren und dass auf ihnen häufig Obstbäume standen.

Äcker, Wiesen und Weiden gestern und heute

Bild 56 (vgl. Bild 55): Blick von der Rebmatt, Niederdorf, auf den linken Abhang des Waldenburgertals, 20.7.1995

Auf Bild 56 fallen die grossen Ackerflächen auf. Die Bäume sind daraus verbannt worden, da sie einer rationellen Bewirtschaftung hinderlich sind. Schon zur Zeit der Dreifelderwirtschaft wurden Bäume nicht gern in Äckern gesehen: Die Obrigkeit in Basel verlangte in Mandaten ihre Entfernung, da sie den zehntenpflichtigen Getreideertrag minderten (Meyer 1968, S. 86).

Kapitel 2: Blicke auf einzelne Bereiche der Bodenbewirtschaftung

Bild 57 (vgl. Bild 58):   Läufelfingen, um 1930(?)

(Der Aufnahmestandort der beiden Bilder ist nicht identisch. 1999 hätte der Fotograf weiter links und höher stehen müssen; der hoch gewachsene Wald verdeckt dort aber die Fernsicht.) Es zeigen sich vergleichbare Entwicklungen wie beim vorangehenden Bildpaar: Relativ wenige, kleine Äcker sind durch grosse (und Häuser) abgelöst...

Äcker, Wiesen und Weiden gestern und heute

Bild 58 (vgl. Bild 57):   Läufelfingen, 24.6.1999

...worden. Es ist allerdings nicht überall klar erkennbar, ob die hellen Flächen Äcker oder Wiesen sind. Frisch geschnittene Wiesen sehen aus einiger Distanz Äckern nicht unähnlich. Deutlich ist die Tendenz zur scharfen Separierung der verschiedenen Nutzungen zu sehen: hier (nur) Obstbäume, dort (nur) Ackerland.

Kapitel 2: Blicke auf einzelne Bereiche der Bodenbewirtschaftung

Bild 59 (vgl. Bild 60):   Blumenwiese, Egghübel, Lampenberg, um 1910(?)

Bild 59 zeigt im Vordergrund eine vielfältige Blumenwiese, wie sie bei der Vergrünlandung, nach der Aufgabe der Dreifelderwirtschaft, zahlreich entstanden sind.

Bild 60 (vgl. Bild 59):   Maisfeld, Egghübel, Lampenberg, 19.7.1995

Bild 60 zeigt im Vordergrund einen Maisacker. Der Maisanbau hat auf grossen Flächen eine Umgestaltung des Landschaftsbilds bewirkt (vgl. Grafik 9). Die Diversität an tierlichen und pflanzlichen Lebewesen ist in der Monokultur Mais vielfach geringer als in einer artenreichen Blumenwiese.

Äcker, Wiesen und Weiden gestern und heute

Bild 61: Wildschweine, Grellingen, 8./9.10.1921

Wildschweine *(Sus scrofa)* waren bis zur Mitte des 20. Jahrhunderts im Baselbiet seltene Gäste, welche, wo immer sie auftauchten, erbarmungslos verfolgt wurden. Franz Leuthardt hat zu Bild 61 geschrieben (Staatsarchiv Basel-Landschaft, Privatarchiv Leuthardt): «20 Stück gerieten in den Gewerbekanal der Spinnerei, davon wurden 15 geschossen und erschlagen. 5 Stück entkamen.» Heute ist das Wildschwein (wieder) Standwild im Kanton. Die Bestände haben sich in grosser – nicht zufälliger – Parallelität zur Mais-Zunahme vermehrt (vgl. Grafik 9).

Grafik 9 (links; vgl. Tabelle 9): Maisanbaufläche (Silo- und Grünmais) im Kanton Basel-Landschaft

Mit dem Maisanbau kann auf wenig Fläche viel Futter für den Viehstall gewonnen werden. Die Maisäcker sind in den letzten Jahrzehnten neu zu einem sehr prägenden Landschaftselement geworden.

Grafik 10 (rechts; vgl. Tabelle 10): Kartoffelanbaufläche im Kanton Basel-Landschaft

Die Kurve des Kartoffelanbaus spiegelt nicht schlecht die Entwicklung des Wohlstands in unserer Gesellschaft wider. Während des Zweiten Weltkriegs war die Kartoffel eines der Hauptnahrungsmittel. Danach hat sie, verdrängt durch die Vielfalt anderer Nahrungsmittel, stetig an Bedeutung verloren.

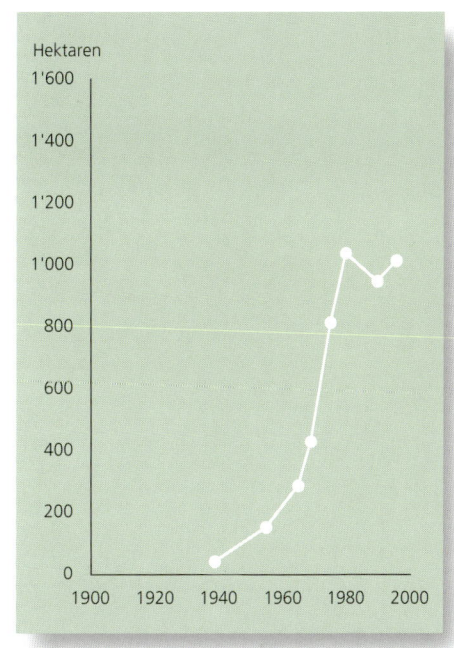

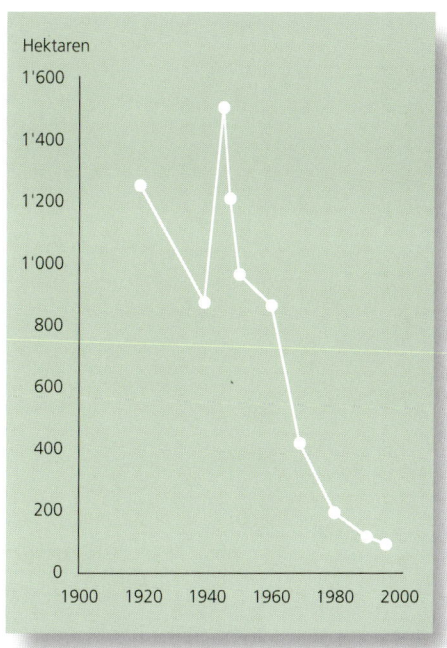

Kapitel 2: Blicke auf einzelne Bereiche der Bodenbewirtschaftung

«Die modernen Anbaumethoden haben dazu geführt, dass früher weit verbreitete ‹Unkraut›-Arten wie z.B. Klatschmohn, Kornblume oder Feld-Rittersporn fast gänzlich aus der Kulturlandschaft verschwunden sind. Man möchte dies mit Buntbrachestreifen in den grossen Ackerbauflächen kompensieren. Durch das Ansäen von Wildkräutern entsteht ein reichhaltiges Blütenangebot. Viele Insekten (insbesondere Schmetterlinge) ernähren sich von den Pflanzen der Buntbrachen oder überwintern im toten Pflanzenmaterial. [...] Buntbrachen sind Lebensräume für viele bedrohte Tierarten wie Feldlerche, Hasen und andere, welche in der intensiv genutzten Landschaft nur schwer überleben könnten.»

Quelle: Kommission für ökologischen Ausgleich Basel-Landschaft (1999), S. 14

Bild 62: Blick in einen Buntbrachestreifen mit Klatschmohn *(Papaver rhoeas)*, Ramlinsburg, 1.6.1998

Bild 63 (links): Kornrade *(Agrostemma githago)* aus einer Buntbrache, Ramlinsburg, 1.6.1998

Bild 64 (rechts): Kornblume *(Centaurea cyanus)* aus einer Buntbrache, Ramlinsburg, 1.6.1998

Buntbrachen auf stillgelegtem Ackerland sind wertvolle ökologische Ausgleichsflächen. Seit wenigen Jahren bereichern sie da und dort die artenarme heutige Kulturlandschaft. Es werden auch wieder alte Getreidesorten angepflanzt, und Betriebe mit biologischem Landbau nehmen an Zahl zu.

Äcker, Wiesen und Weiden gestern und heute

Bild 65: Blick vom Chestel auf Liesberg, vor 1960(?)

Im Laufental und im Gebiet des Faltenjuras liegen grosse alte Weideareale. Bild 65 zeigt die althergebrachte Flureinteilung, wie sie in mehreren Laufentaler Gemeinden noch heute erhalten ist: Um das Dorf herum liegen die Äcker und Wiesen, weiter entfernt, in den höheren Lagen, befinden sich die ausgedehnten Weideflächen.

Kapitel 2: Blicke auf einzelne Bereiche der Bodenbewirtschaftung

Bild 66 (vgl. Bild 67):   Dittinger Weide, vor 1955

Die beiden Aufnahmestandorte sind nicht identisch (Bäume verdecken heute den Blick von früher). Im Bereich der Weide sind deutliche Veränderungen zu sehen. Auf Bild 66 zeigen sich Spuren von sehr intensiver Bestossung. Und offensichtlich war das Roden der Weide gängig, gab es doch nur wenige kleine Sträucher.

Äcker, Wiesen und Weiden gestern und heute

Bild 67 (vgl. Bild 66):   Dittinger Weide, 21.7.1995

Mehrere Laufentaler Weiden sind heute schutzwürdige Magerstandorte, welche eine grosse Vielfalt an Pflanzen- und Tierarten beherbergen. Auf Bild 67 sind zahlreiche Gehölze, besonders auch Wacholder, zu erkennen. Sporadisches Roden ist unumgänglich; nicht wenige ehemalige Weideflächen sind in den letzten Jahrzehnten zu Wald geworden.

Nebenerwerbslandwirtschaft und Gemüsebau im Wandel

Durch die Heimindustrie der Seidenbandweberei befanden sich zahlreiche Dörfer des Baselbiets seit dem 18. Jahrhundert in einer besonderen Situation. Die meisten Posamenter waren zugleich Kleinbauern. Eine Redensart besagte, dass man posamente, um Landwirtschaft betreiben zu können, und Landwirtschaft betreibe, um posamenten zu können. Es gab kaum eine Familie, die nicht für die Selbstversorgung ihre eigenen kleinen Grundstücke bearbeitete und nicht ein paar Ziegen, Hühner, ein Schwein und vielleicht auch eine Kuh hielt.

Das 20. Jahrhundert wird geprägt durch die Entwicklung weg vom Kleinbetrieb und damit weg von der Selbstversorgungswirtschaft. Als Zeiger hierfür kann die Veränderung des Verhältnisses zwischen der Anzahl Rindviehbesitzer und der Rinderzahl genommen werden (vgl. Grafik 11). Die Schauplätze der landwirtschaftlichen Landnutzung waren a. die grösseren Äcker, Wiesen und Weiden, b. die Hausgärten und c. die so genannten «Bünten» und Baumgärten.

Die *Äcker, Wiesen und Weiden* lagen meist in einiger Entfernung ausserhalb der Dörfer. Sie machen heute, von der Zonenplanung her gesehen, normalerweise das eigentliche Landwirtschaftsland aus und werden jetzt von so wenigen Leuten wie noch nie bearbeitet.

In den *Hausgärten* werden seit jeher neben Gemüse Heilpflanzen, Küchenkräuter und niedrige Zierpflanzen, aber auch Beerensträucher und hohe Ziergewächse gezogen (vgl. Rieder & Rieder 1992). Zwar bauen in den Dörfern nach wie vor viele Leute in ihren Hausgärten etwas Gemüse an. Dies geschieht aber zumeist ohne den Anspruch, den Eigenbedarf vollständig zu decken.

Die Bereiche der *Bünten und Baumgärten* sind in diesem Abschnitt ausführlicher zu betrachten. Sie lagen seit der Zeit der Dreifelderwirtschaft in der Nähe der Häuser, zum Teil eingestreut in die ehemaligen Zelgen. Ihre Fläche war

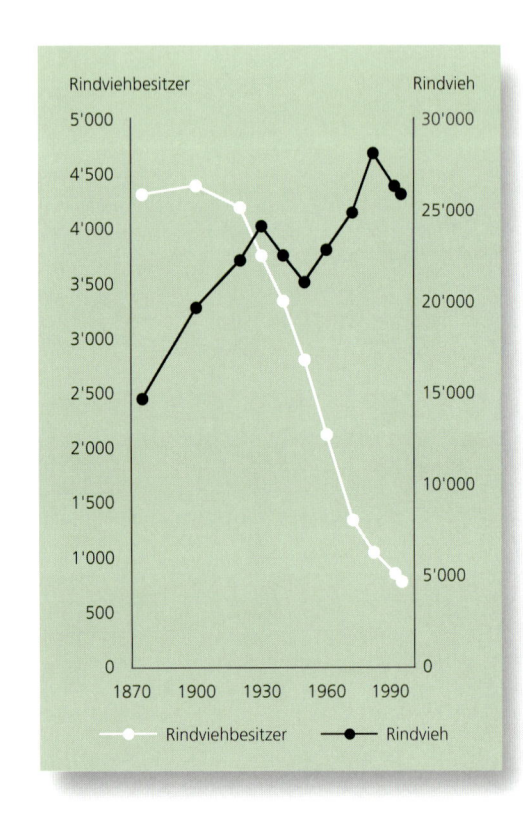

Grafik 11 (vgl. Tabelle 11): Anzahl Rindviehbesitzer und Rindviehbestand im Kanton Basel-Landschaft

Immer weniger Bauern haben immer mehr Vieh.

Nebenerwerbslandwirtschaft und Gemüsebau im Wandel

auf viele Besitzer aufgeteilt. In diesen gut gedüngten «Pflanzplätzen» wurden Gemüse und Hackfrüchte gezogen, in grösseren Quantitäten als im Hausgarten. (Dies geschieht an wenigen Orten noch bis auf den heutigen Tag.) Es fehlten auch nicht kleine Getreideäcker; ausserdem wurden Öl- und Gespinstpflanzen angebaut. Durch den Import günstiger Baumwolle sind letztere schon zu Beginn unseres Jahrhunderts rasch verdrängt worden. Immerhin bauten 1917 im Einzugsgebiet der Ergolz noch 45 Produzenten auf 22,86 Aren Land Flachs an, Hanf nur zwei Produzenten auf 1,25 Aren (Suter 1926, S. 119).

Da nach dem Zweiten Weltkrieg zunehmend Wildwuchs beim Bauen ausserhalb der Siedlungen zu verzeichnen war, wurden schon in den Jahren vor dem Bundesgesetz über die Raumplanung (von 1979) neue Regelungen für die Bodenaufteilung erlassen: 1962 der Regierungsratsbeschluss betreffend die Erhaltung des Landschaftsbilds bei Erteilung von Baubewilligungen, 1970 der Landratsbeschluss betreffend den provisorischen Regionalplan Siedlung, mit einer verbindlichen Festlegung aller massgebenden Baugebietsgrenzen der Gemeinden bis 1974 (vgl. Imbeck & Hufschmid 1990, S. 3.5f). Bei allen Vorteilen, welche die Zonenplanung mit sich brachte, sind aus heutiger Sicht auch gravierende Nachteile festzustellen. Denn in fast allen Gemeinden wurden die Bauzonen mehr oder weniger konzentrisch um den Siedlungskern herum angelegt, also genau in den Bereich der Bünten und Baumgärten, welche – wo es sie noch gibt – ausgesprochen vielfältige Landschaftselemente sind. Und so geschieht es bis heute, dass die Landschaft still und unwiederbringlich eines belebenden Elements verlustig geht. Die einmal festgelegten Zonengrenzen können kaum mehr rückgängig gemacht werden; zu viel Geld steckt da im Boden. Mit mehr sektorieller Gliederung hätte man zumindest Teile der Bünten erhalten können, wenn vielleicht auch nicht als Pflanzland, so doch als Zone mit Baumgärten, mageren Wiesen und Weiden für Kleintiere.

Gemüsebau im grossen Stil: Um 1900 erlebte die Posamenterei ihre höchste Blüte. Aber schon in den Zwanzigerjahren brach eine grosse Krise aus, da die Seidenbänder in der neuen Mode nurmehr eine geringe Rolle spielten. Die weltweite Wirtschaftskrise nach Oktober 1929 vergrösserte die Not der Posamenterbauern noch weiter. Dies führte dazu, dass die Regierung unverzüglich den Gemüsebau, Beerenkulturen, aber auch den Tabakanbau mit verschiedenen Mitteln förderte (Näscher 1968, S. 107). Im Zweiten Weltkrieg wurde auf diesem Fundament die Anbauschlacht durchgeführt (vgl. Grafik 12).

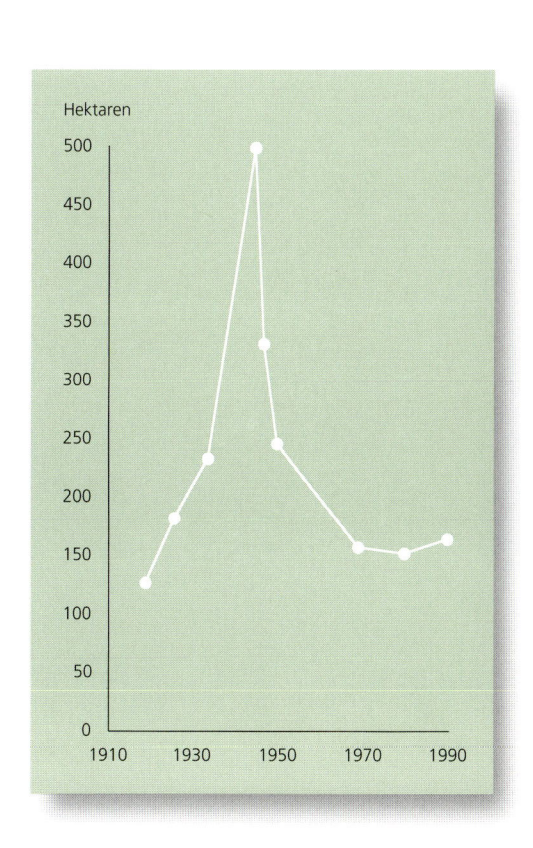

Grafik 12 (vgl. Tabelle 12): Gemüseanbaufläche im Kanton Basel-Landschaft

In der Krisenzeit nahm der Gemüseanbau sprungartig zu.

Kapitel 2: Blicke auf einzelne Bereiche der Bodenbewirtschaftung

Bild 70 (vgl. Bilder 71, 72 und 73): Bünten am Fuss des Erzenbergs, Liestal, vor 1892

Unterhalb der Weissen Fluh konnte man vom Rebberg am Schleifenberg eine schöne Aussicht auf das Städtchen Liestal geniessen. Bild 70 zeigt links am Abhang gepflegte Reben. Im Talgrund gab es entlang der Ergolz zahlreiche kleine Pflanzareale und Obstbäume. Zwischen den Bildern 70 und 71 liegen nur zehn bis...

Nebenerwerbslandwirtschaft und Gemüsebau im Wandel

auf viele Besitzer aufgeteilt. In diesen gut gedüngten «Pflanzplätzen» wurden Gemüse und Hackfrüchte gezogen, in grösseren Quantitäten als im Hausgarten. (Dies geschieht an wenigen Orten noch bis auf den heutigen Tag.) Es fehlten auch nicht kleine Getreideäcker; ausserdem wurden Öl- und Gespinstpflanzen angebaut. Durch den Import günstiger Baumwolle sind letztere schon zu Beginn unseres Jahrhunderts rasch verdrängt worden. Immerhin bauten 1917 im Einzugsgebiet der Ergolz noch 45 Produzenten auf 22,86 Aren Land Flachs an, Hanf nur zwei Produzenten auf 1,25 Aren (Suter 1926, S. 119).

Da nach dem Zweiten Weltkrieg zunehmend Wildwuchs beim Bauen ausserhalb der Siedlungen zu verzeichnen war, wurden schon in den Jahren vor dem Bundesgesetz über die Raumplanung (von 1979) neue Regelungen für die Bodenaufteilung erlassen: 1962 der Regierungsratsbeschluss betreffend die Erhaltung des Landschaftsbilds bei Erteilung von Baubewilligungen, 1970 der Landratsbeschluss betreffend den provisorischen Regionalplan Siedlung, mit einer verbindlichen Festlegung aller massgebenden Baugebietsgrenzen der Gemeinden bis 1974 (vgl. Imbeck & Hufschmid 1990, S. 3.5f). Bei allen Vorteilen, welche die Zonenplanung mit sich brachte, sind aus heutiger Sicht auch gravierende Nachteile festzustellen. Denn in fast allen Gemeinden wurden die Bauzonen mehr oder weniger konzentrisch um den Siedlungskern herum angelegt, also genau in den Bereich der Bünten und Baumgärten, welche – wo es sie noch gibt – ausgesprochen vielfältige Landschaftselemente sind. Und so geschieht es bis heute, dass die Landschaft still und unwiederbringlich eines belebenden Elements verlustig geht. Die einmal festgelegten Zonengrenzen können kaum mehr rückgängig gemacht werden; zu viel Geld steckt da im Boden. Mit mehr sektorieller Gliederung hätte man zumindest Teile der Bünten erhalten können, wenn vielleicht auch nicht als Pflanzland, so doch als Zone mit Baumgärten, mageren Wiesen und Weiden für Kleintiere.

Gemüsebau im grossen Stil: Um 1900 erlebte die Posamenterei ihre höchste Blüte. Aber schon in den Zwanzigerjahren brach eine grosse Krise aus, da die Seidenbänder in der neuen Mode nurmehr eine geringe Rolle spielten. Die weltweite Wirtschaftskrise nach Oktober 1929 vergrösserte die Not der Posamenterbauern noch weiter. Dies führte dazu, dass die Regierung unverzüglich den Gemüsebau, Beerenkulturen, aber auch den Tabakanbau mit verschiedenen Mitteln förderte (Näscher 1968, S. 107). Im Zweiten Weltkrieg wurde auf diesem Fundament die Anbauschlacht durchgeführt (vgl. Grafik 12). ●

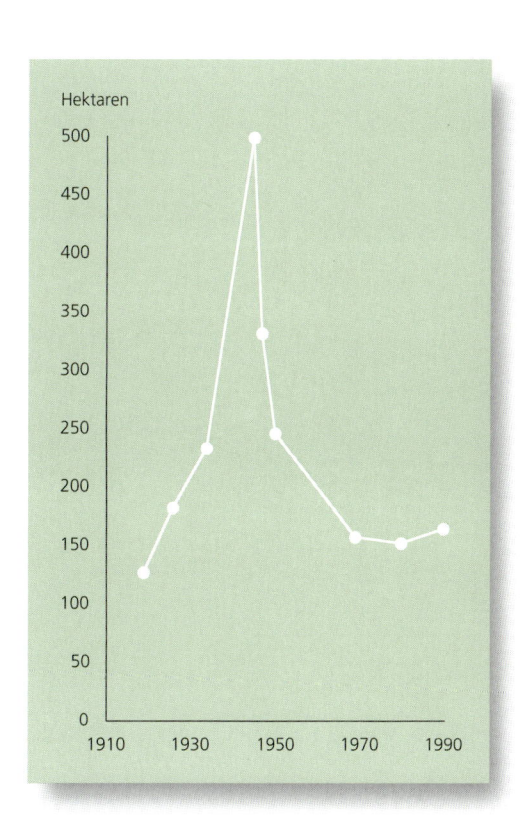

Grafik 12 (vgl. Tabelle 12): Gemüseanbaufläche im Kanton Basel-Landschaft

In der Krisenzeit nahm der Gemüseanbau sprungartig zu.

Kapitel 2: Blicke auf einzelne Bereiche der Bodenbewirtschaftung

Bild 68 (vgl. Bild 69):   Blick vom Abhang des Murenbergs auf Bubendorf, um 1915(?)

Auf Bild 68 ist im Talgrund ein auffallendes Muster von Kleinäckern zu sehen. Hier haben die Dorfbewohner die wichtigen Nahrungs- und Gebrauchsstoffe selbst angebaut. Eine gute, nicht nur für Diepflingen geltende Definition dieser so genannten «Bünten» gibt Tschudi (1863, S. 134a): «Südlich des Dorfes erblicken wir eine Menge kleiner Äckerlein, welche gewöhnlich Pünten genannt werden. Eine Pünt heisst hier soviel als ein Hanfacker. Gegenwärtig werden aber nur wenige dieser Pünten zum Zwecke des Hanfpflanzens benutzt. Auf den meisten derselben werden entweder...

Nebenerwerbslandwirtschaft und Gemüsebau im Wandel

Bild 69 (vgl. Bild 68):   Blick vom Abhang des Murenbergs auf Bubendorf, 3.5.1989

...gelbe Rüben, Möhren, oder Bohnen, Kohl, Erbsen, Runkeln, Kartoffeln, Klee und Getreide gepflanzt.» Als nach 1962 die Bauzonen festgelegt wurden, war die Selbstversorgung mit Nahrungsmitteln nicht mehr eine Notwendigkeit – sie war zur Liebhaberei einiger weniger Leute geworden. Und da die meisten Bünten in unmittelbarer Nähe des Dorfs lagen, wurden sie zum Bauland geschlagen. Dasselbe geschah mit den dorfnahen Baumgärten. Seither sind die Flächen des Talgrunds, wie hier in Bubendorf, schon an vielen Orten sehr weitgehend überbaut. Strassennamen erinnern da und dort noch an die Bünten.

Kapitel 2: Blicke auf einzelne Bereiche der Bodenbewirtschaftung

Bild 70 (vgl. Bilder 71, 72 und 73):   Bünten am Fuss des Erzenbergs, Liestal, vor 1892

Unterhalb der Weissen Fluh konnte man vom Rebberg am Schleifenberg eine schöne Aussicht auf das Städtchen Liestal geniessen. Bild 70 zeigt links am Abhang gepflegte Reben. Im Talgrund gab es entlang der Ergolz zahlreiche kleine Pflanzareale und Obstbäume. Zwischen den Bildern 70 und 71 liegen nur zehn bis...

Nebenerwerbslandwirtschaft und Gemüsebau im Wandel

Bild 71 (vgl. Bilder 70, 72 und 73):   Bünten am Fuss des Erzenbergs, Liestal, vor 1904

...fünfzehn Jahre. Auf den ersten Blick sehen sie auch sehr ähnlich aus. Es zeigen sich aber folgenschwere Veränderungen: Das Rebland ist am Verbrachen (vgl. die Bilder 103 und 104), das Gaswerk von 1873 ist um einen Kessel erweitert worden, Leitungsmasten lassen erkennen, dass die Elektrizität eingeführt worden ist (1892).

Kapitel 2: Blicke auf einzelne Bereiche der Bodenbewirtschaftung

Bild 72 (vgl. Bilder 70, 71 und 73):   neue Häuser am Fuss des Erzenbergs, Liestal, vor 1925

(Die Aufnahmestandorte der Bilder 72 und 73 sind nicht absolut identisch mit demjenigen der beiden vorangehenden Fotografien.) Bereits vor 1925 sind am Abhang anstelle des ehemaligen Rebbergs Bäume gewachsen. In der Ebene entstanden, weit entfernt vom Städtchen, Neubauten. Der Schlachthof (links im Bild) wurde 1912 erbaut.

Nebenerwerbslandwirtschaft und Gemüsebau im Wandel

Bild 73 (vgl. Bilder 70, 71 und 72):   das überbaute Ergolztal am Fuss des Erzenbergs, Liestal, 23.9.1998

In einem Jahrhundert ist die Ebene vollständig überbaut worden. Auch am Hang – wo er nicht vom Wald «eingenommen» wurde – entstanden Häuser. Die Bünten von einst hatten, trotz intensiver Bewirtschaftung durch den Menschen, Nischen für viele Tier- und Pflanzenarten geboten. Heute lebt hier eine völlig andere Artengarnitur.

Kapitel 2: Blicke auf einzelne Bereiche der Bodenbewirtschaftung

Bild 74 (vgl. Bild 75): Erzenbergrütenen und Dürstel, Langenbruck, um 1925

(Die beiden Aufnahmestandorte sind leicht voneinander verschoben.) In Langenbruck lag das Land der Bünten ausserhalb der Bauzone, in den Gebieten der Helfenbergrütenen und der Erzenbergrütenen. Auf Bild 74 zeigt sich am Abhang des Erzenbergs noch ein vielfältiges Muster...

Nebenerwerbslandwirtschaft und Gemüsebau im Wandel

Bild 75 (vgl. Bild 74):   Erzenbergrütenen und Dürstel, Langenbruck, 2.7.1999

...von kleinen Äckern. Im Hintergrund sind links deutlich die grossen Flächen der Dürstelweid und der Gwidemweid zu sehen, durch einen Lebhag vom Wies- und Ackerland abgetrennt. Heute sind die Äckerlein verschwunden. An ihre Stelle sind nicht Häuser, aber intensiv bewirtschaftete Wiesenflächen getreten.

Kapitel 2: Blicke auf einzelne Bereiche der Bodenbewirtschaftung

Bild 76: Anbauschlacht, Wenslingen, 1942

Der Rückgang der Posamenterei führte in den Zwanzigerjahren dazu, dass die Arbeiter, welche zumeist auch Kleinbauern waren, mehr Erträge aus dem Boden gewinnen mussten. Die Regierung schuf eine Gemüsebaustelle und rief die Gemüsebauaktion ins Leben. Daran konnte später, im Zweiten Weltkrieg, die Anbauschlacht anknüpfen.

Nebenerwerbslandwirtschaft und Gemüsebau im Wandel

Bild 77: Anbauschlacht, Bohnenernte, Ort unbekannt, 1942

Da die meisten Männer im Militärdienst waren, mussten mehrheitlich Frauen die enorme zusätzliche Arbeit leisten. Die Anbauschlacht verlieh grossen Landflächen schlagartig ein neues Gesicht. Die Suche nach Methoden zur Ertragssteigerung bekam plötzlich viel Gewicht. Sie führte zu den...

Bild 78: Anbauschlacht, Arbeit im Kabisfeld, Ort unbekannt, 1942

...verschiedenen Pfeilern der Intensivierung, wie sie in Kapitel 1 gezeigt worden sind. Die nach dem Krieg rasch aufblühende moderne Landwirtschaft mit ihren einschneidenden Landschaftsveränderungen hat, so gesehen, eine wichtige Wurzel in der Anbauschlacht. Angesichts der Produktion von Überschüssen ist es heute eine der grossen Herausforderungen der Landwirtschaft, sich vom Anbauschlacht-Denken wieder zu lösen.

Kapitel 2: Blicke auf einzelne Bereiche der Bodenbewirtschaftung

Bild 79: Gemüseannahme, Lauwil, 1946

Auch in hoch gelegenen Gemeinden wurde in grossem Stil Feldgemüse angebaut. Die Gemüsebaustelle «propagierte den Bau von Durisol-Kellern, um das anfallende Wintergemüse lagern zu können. Der Ausbau des Meldewesens und der Qualitätskontrolle in Verbindung mit den...

Bild 80: Gemüseannahme, Lauwil, 1946

...Anbauverträgen trugen zur Sicherung des Absatzes bei. Im Jahre 1945 übernahm die Gemüsebaustelle über 1'000'000 kg Gemüse. Anno 1946 gelang es erstmals, Anbauverträge mit den Firmen ACV, VSK, Migros und einigen Privatfirmen abzuschliessen» (Näscher 1968, S. 107).

Nebenerwerbslandwirtschaft und Gemüsebau im Wandel

Bild 81: Tabakernte, Ort unbekannt, 1942

Erste Berichte über Tabakpflanzungen (in Wittinsburg und Sissach) stammen aus der zweiten Hälfte des 17. Jahrhunderts (Suter 1926, S. 120).

Bild 82: Tabakernte, Ort unbekannt, 1942

Die Gemüsebaustelle förderte nicht nur den Anbau von Gemüse und Beeren, sondern auch denjenigen von Tabak. 1939 wurden immerhin 5,21 Hektaren Tabak im Kanton (ohne Bezirk Laufen) angebaut (Direktion des Innern Basel-Landschaft 1944, S. 48).

Umstellungen beim Obstbau

In Anlehnung an Kettiger (1857), Suter (1926) und Meyer (1968) lässt sich die jüngere Geschichte des Obstbaus im Baselbiet wie folgt zusammenfassen: In der Zeit der Dreifelderwirtschaft diente der Obstbau in erster Linie der Selbstversorgung. Zu den meisten Hauptmahlzeiten gehörten denn auch frische oder gedörrte Früchte – viele alte Baselbieter Rezepte zeugen davon (vgl. Suter, Peter 1978). Bereits im 18. Jahrhundert wurden gebrannte Wasser und gedörrte Früchte nach Basel und weiter ausgeführt. Im beginnenden 19. Jahrhundert ermöglichten die vielerorts verbesserten Wegverhältnisse auch den Export von Frischobst. Da die Nachfrage zunahm, wurden mehr Bäume gepflanzt. Nachdem die Transporte mit der neuen Eisenbahn durchgeführt werden konnten, stiegen die Ausfuhrmengen in nie gekannte Höhen. 1864 wurden frische Baselbieter Kirschen zum Beispiel schon nach München verkauft. Eine neue Zeit des Erwerbsobstbaus war angebrochen. Nun pflanzte man noch mehr Bäume. Im Schulunterricht, durch Ausstellungen und in Kursen wurde das Wissen der Bevölkerung über den Obstbau verbessert. Die Regierung liess entlang der Staatsstrassen Obstbäume pflanzen.

1905 wurde die Obsthandels- und Obstverwertungsgenossenschaft Baselland gegründet – eine grosse Stütze für die einzelnen Produzenten. In der ersten Hälfte des 20. Jahrhunderts folgten sich abwechselnd Jahre mit guten Ernten und solche mit grossen Ernteausfällen durch Schadinsekten, Krankheiten oder Frostschäden. Mittels neuer Methoden der Schädlingsbekämpfung konnten die Verluste zum Teil reduziert werden. Nach 1929 setzte, bedingt durch die Weltwirtschaftskrise, ein starker Zerfall der Preise ein. Nach dem Zweiten Weltkrieg führte die schlechte Qualität mehrerer Ernten zu einer Übersättigung des Brennkirschenmarkts. Die Preise, auch die der Tafel- und Konservenkirschen, sanken erneut. Es kam zu verschiedenen Stützungsaktionen, vor al-

> «Die Baselbieter werden bisweilen in Basel Schnitzesser genannt und es stimmte besonders früher dieser Name in der That nicht so übel mit der Wahrheit zusammen. Unsere Grosseltern und Urgrosseltern betrachteten das Obst in dem Masse für ihr Hauptnahrungsmittel, wie wir nun die Erdäpfel. Wir Jüngere lassen uns lieber mit etwas Nachhaltigerem aufwarten, als mit Schnitzen oder ‹Kirschenpfeffer›. Nichts desto weniger isst man hier zu Land noch immer viel Obst und zwar erstlich roh von allen Arten; dann aber bald als Schnitze, bald zu Mus und Brei gekocht, bald auf Kuchen und Torten. Gedörrt werden immer noch viele Äpfel und Zwetschgen, weit weniger Birnen und Kirschen. Die Baselbieter-Zwetschgen sind in der Fremde bekannt und gesucht. Obstwein wird seit ungefähr 30 Jahren auch bereitet. Derselbe steht aber in den Wein bauenden Gegenden etwas in Misskredit. Es scheint an der rechten Bereitungsart und Behandlung auf dem Lager zu fehlen.»

Quelle: Kettiger (1857), S. 14

Umstellungen beim Obstbau

lem durch die Eidgenössische Alkoholverwaltung. Da nun auch die Importmengen von Südfrüchten rasch anstiegen, hörten die Schwierigkeiten beim Absatz einheimischer Früchte nicht mehr auf. Deshalb wurden von der Eidgenössischen Alkoholverwaltung kostenlose Baumfällaktionen durchgeführt (bis 1974). Allein zwischen 1951 und 1971 verschwand so mehr als die Hälfte des Baumbestands (vgl. Grafik 13), wobei deutlich mehr Kernobstbäume eliminiert wurden als Kirschbäume.

Die Reduktion der Streuobstbestände verfolgte nun aber längst nicht nur die Absicht, das Obstangebot der Nachfrage anzupassen. Das Anliegen reichte viel weiter. Der Obstbau sollte radikal auf eine rationellere Grundlage gestellt werden. Huber (1964, S. 76) schreibt dazu: «Die Bemühungen gingen vor allem dahin, alle unwirtschaftlichen Bäume zu beseitigen und anstelle des veralteten Streuobstbaues geschlossene Obstäcker zu schaffen. Einzig solche Anlagen in guten, frostsicheren Zonen bieten Gewähr für eine rationelle Durchführung der notwendigen Pflege. Diese bildet ihrerseits die Voraussetzung für einen rentablen Marktobstbau.» In logischer Konsequenz vermehrte sich die Fläche der obstbaulichen Intensivkulturen von 369 Aren im Jahr 1939 auf 21'014 Aren im Jahr 1980 (Brugger 1985, S. 206).

Noch immer werden jeden Winter zahlreiche Hochstamm-Obstbäume ausgerissen. Viele Baumbestände werden nicht oder nur mangelhaft gepflegt und weisen fast nur noch alte Bäume auf, von denen einer nach dem andern sukzessive abgeht. Zudem fallen ungezählte Bäume in den Bereichen der einst siedlungsnahen Bünten und Baumgärten dem Bauen zum Opfer.

Die Bildpaare zeigen es deutlich: Die Bedeutung der Obstbäume für das Landschaftsbild, für die Ausprägung des Charakters einer Region, ist nicht zu unterschätzen. Zwygart (1989, S. 180ff) weist ausserdem auf den grossen ökologischen Wert von Hochstamm-Obstgärten hin. Aus der Einsicht heraus, dass ein wertvolles Gut unwiederbringlich verschwinden könnte, sind in den vergangenen Jahren da und dort «Gegenbewegungen» in Gang gekommen: Im Rahmen des ökologischen Ausgleichs werden Beiträge für die Erhaltung von Obstbäumen ausbezahlt. Vereine wie «Pro Specie Rara» und «Edelchrüsler» widmen sich der Erhaltung der Obstsorten-Vielfalt. Letzterer pflegt in zehn Arboreten (Sammelpflanzungen) gezielt alte Sorten. Im Baselbiet sind allein rund 400 Apfelsorten bekannt.

Neben all diesen Anstrengungen wären für die Zukunft Marktstrukturen besonders wichtig, welche den Absatz des einheimischen Obstes wieder zu akzeptablen Preisen gewährleisten könnten. ●

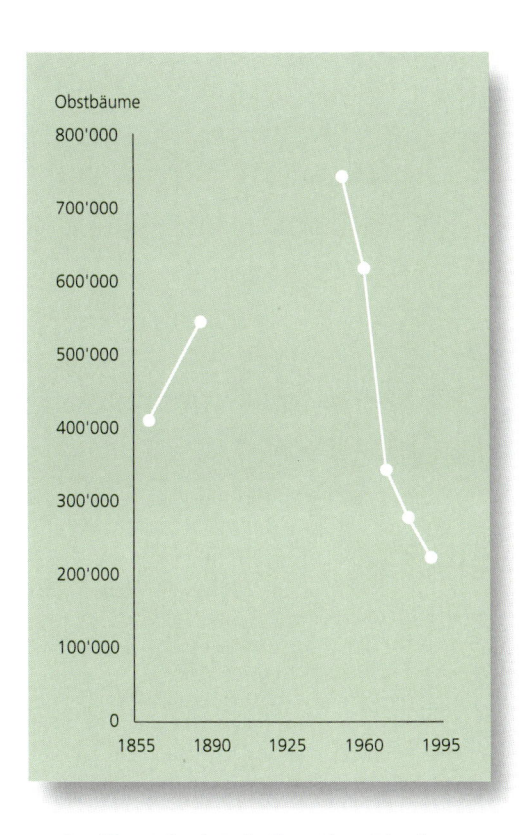

Grafik 13 (vgl. Tabelle 13): Obstbaumbestand im Kanton Basel-Landschaft

Da von 1886 bis 1951 keine Zahlen vorliegen, haben wir die Kurve dort nicht ausgezogen.

Kapitel 2: Blicke auf einzelne Bereiche der Bodenbewirtschaftung

Bild 83 (vgl. Bild 84):   «Obstbaumwald», Arisdorf, 1941

In Arisdorf war – wie in zahlreichen weiteren Gemeinden – die ganze Fläche des Landwirtschaftslands von einem homogenen «Obstbaumwald» bedeckt. Die Bäume wurden mit Sorgfalt gepflegt. Offensichtlich stimmte für die Bewirtschafter das Verhältnis zwischen Aufwand und Ertrag.

Umstellungen beim Obstbau

Bild 84 (vgl. Bild 83):   Arisdorf, 24.6.1999

Inzwischen wird der Boden nicht mehr auf «zwei Stockwerken» genutzt. Fast alle Hochstammobstbäume sind zugunsten von rationell bewirtschaftbaren grossen Ackerflächen oder Intensivobstanlagen verschwunden. Der Charakter der Landschaft hat sich grundlegend verändert. Es ist nicht verwunderlich, dass die einst beliebten «Blustfahrten» aus der Mode gekommen sind.

Kapitel 2: Blicke auf einzelne Bereiche der Bodenbewirtschaftung

Bild 85 (vgl. Bild 86):   Reigoldswil, 1934

In Reigoldswil gab es zahlreiche Obstbäume. Sie standen allerdings nicht ganz so dicht wie in Arisdorf. Bäume jeden Alters waren nebeneinander vorhanden. Die Sicherung der Zukunft des Obstbaumbestands war ein wichtiges Anliegen. 1861 wurde zum Beispiel jeder Reigoldswiler Bürger durch einen Beschluss der Gemeindeversammlung dazu...

Umstellungen beim Obstbau

Bild 86 (vgl. Bild 85):   Reigoldswil, 4.5.1995

...verpflichtet, auf dem ihm zugeteilten Gemeindeland sechs junge Obstbäume zu pflanzen (Huber 1863, S. 455). Die heute noch vorhandenen Reste der Obstbaumbestände sind oft – nicht nur in Reigoldswil – überaltert. Der Verein «Edelchrüsler» hat 1998 in Reigoldswil einen besonders grossen Sortenreichtum festgestellt, den es möglichst zu erhalten gilt.

Kapitel 2: Blicke auf einzelne Bereiche der Bodenbewirtschaftung

Bild 87 (vgl. Bild 88): Wintersingen, 20./21.7.1983

(Die beiden Aufnahmestandorte sind leicht verschoben.) In nur elf Jahren sind zahlreiche Obstbäume jeden Alters verschwunden. Die zwischenzeitlich durchgeführte Gesamtmelioration dürfte das Ausmerzen der Bäume beschleunigt haben. (Zweifellos ist die Obstbaumdichte in Wintersingen auch heute noch höher als in vielen andern Gemeinden.)

Bild 88 (vgl. Bild 87): Wintersingen, Juni 1994

Auch bei den kleinen Landschaftsstrukturen sind in Wintersingen nicht wenige Veränderungen eingetreten (vgl. Tanner & Zoller 1996a). Wandlungen der vorliegenden Art werden von der Bevölkerung normalerweise nicht oder kaum wahrgenommen. Das Auge gewöhnt sich an die vielen punktuellen Verluste, besonders dann, wenn sie nicht auf einen Schlag eintreten.

Umstellungen beim Obstbau

Bild 89: ausgerissene Bäume, 7.12.1997

Jeden Winter werden mit Traktor und Stahlseil zahlreiche Bäume ausgerissen – keineswegs immer nur alte. Mit den Bäumen verschwindet ein wertvolles Landschaftselement, aber auch ein komplexes kulturelles Erbe ist bedroht. Heute kennen nur noch wenige Leute eine grössere Anzahl der vielen alten Obstsorten und deren spezielle Eignungen.

Bild 90: «Wurzelstock-Friedhof», 25.5.1995

Die Wurzelstöcke werden vielfach in alten Mergelgruben deponiert, oder man füllt mit ihnen Mulden im Gelände. (In Zeiten der Holzknappheit wurde noch jeder Wurzelstock zu Brennholz verarbeitet.) Der Rückgang des Streuobstbaus ist nur zu bremsen, wenn mit den Bäumen wieder Erträge erwirtschaftet werden können, welche ihr Stehenlassen interessant machen. Dass dies nicht unmöglich ist, lässt sich anhand von Beispielen zeigen.

Kapitel 2: Blicke auf einzelne Bereiche der Bodenbewirtschaftung

Bild 91 (vgl. Bild 92): Blick vom Liestaler Aussichtsturm auf Frenkendorf, vor 1909

In der nahen Umgebung der alten Dörfer gab es ausser den Bünten auch besonders dicht bestandene Baumgärten. In Frenkendorf waren aber, wie an den meisten Orten, zudem die weiter vom Dorf entfernten Abhänge mit Obstbäumen übersät. Grosse, um den alten Dorfkern herum liegende Gebiete wurden...

Umstellungen beim Obstbau

Bild 92 (vgl. Bild 91):   Blick vom Liestaler Aussichtsturm auf Frenkendorf, 17.7.1999

...zur Bauzone geschlagen und in den letzten Jahrzehnten überbaut. Das Bildpaar zeigt, dass nicht nur viele Bäume in den Landwirtschaftsflächen ausgerissen, sondern auch zahlreiche durch das Siedlungswachstum «verschlungen» worden sind. Man hätte mehr Obstbäume in die neu entstehenden Hausgärten hinüberretten können.

Kapitel 2: Blicke auf einzelne Bereiche der Bodenbewirtschaftung

Bild 93 (vgl. Bilder 94, 95, 96):   Streuobstbau, Sissach (Luftbild), 24.3.1953

Mit den Bildern 93 bis 96 soll die Entwicklung der Intensivobstanlagen am Fuss der Sissacher Flue veranschaulicht werden. Die Fluh selbst ist nicht mehr abgebildet. (Norden ist links im Bild.) Rechts lässt sich das Wachsen des Siedlungsrands...

Bild 94 (vgl. Bilder 93, 95, 96):   Intensivobstanlagen, Sissach (Luftbild), 25.6.1965

...von Sissach verfolgen. Noch 1953 (Bild 93) waren Hochstamm-Obstbäume über die ganze Fläche verteilt. Es gab viele Äcker. Die Bäume waren zum Teil an ihren Rändern in Linien gepflanzt. Um die Höfe herum hatte es besonders viele...

Umstellungen beim Obstbau

Bild 95 (vgl. Bilder 93, 94, 96):   Intensivobstanlagen, Sissach (Luftbild), 3.6.1970

...Bäume. 1965 (Bild 94) existierten erste Intensivobstanlagen (geometrische Anordnung der Bäume), vor allem in der näheren Umgebung einzelner Höfe. 1970 (Bild 95) waren bereits grosse Ackerflächen in Intensivobstanlagen umgewandelt, und...

Bild 96 (vgl. Bilder 93, 94, 95):   Intensivobstanlagen, Sissach (Luftbild), 26.7.1994

...bis 1994 (Bild 96) kamen noch einmal weitere Flächen dazu. Der Streuobstbestand wurde seit 1953 laufend reduziert. Das Gesicht der betrachteten Landschaftskammer hat sich grundlegend verändert.

Kapitel 2: Blicke auf einzelne Bereiche der Bodenbewirtschaftung

Bild 97: Intensivobstanlage, Pfeffingen, 11.3.1990

In Intensivobstanlagen wird eine Art von Ackerbau betrieben. Die Bäume wachsen «komprimiert» auf wenig Landfläche. Die «Obstäcker» sind neue markante, aus weiter Distanz auffallende Elemente der Kulturlandschaft.

Bild 98: Intensivobstanlage, Arisdorf, 24.6.1999

Dank schnellwüchsiger Unterlagen tragen die Bäume in den Niederstammkulturen schon kurze Zeit nach dem Pflanzen Obst in grosser Menge. Nach wenigen Jahren müssen sie aber ausgetauscht werden, weil die Erträge zurückgehen. Der Einsatz von Spritzmitteln zum Erzielen von makellosen Früchten ist beträchtlich.

Entwicklungen bei den Rebbergen

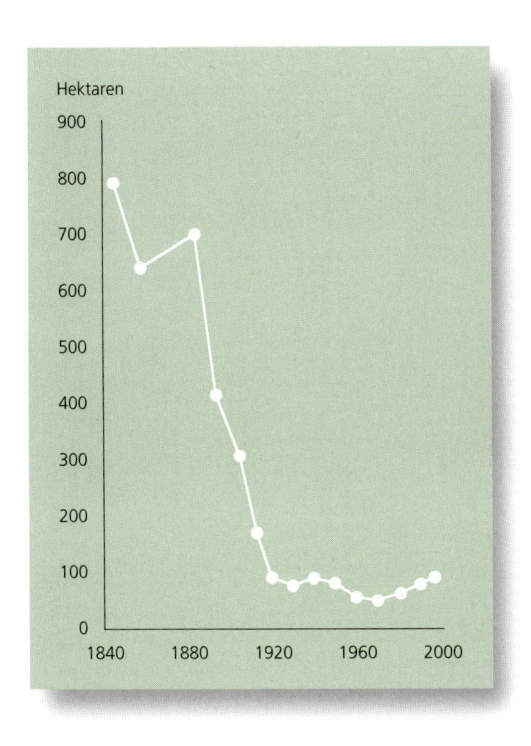

Grafik 14 (vgl. Tabelle 14): Reblandfläche im Kanton Basel-Landschaft

Als Folge von häufigen Missernten setzte gegen das Ende des 19. Jahrhunderts ein drastischer Rückgang des Rebbaus ein. Nach 1970 bewirkte der Liebhaber-Weinbau wieder eine leichte Zunahme der Flächen.

Der Rebbau spielte im Baselbiet einst eine sehr viel wichtigere Rolle als heute. Von den 73 Gemeinden des alten Kantons besassen am Ende des 18. Jahrhunderts nur gerade neun keinen Rebberg (Salathé 1983, S. 4). 1905 gehörte zu 38 Prozent aller Landwirtschaftsbetriebe auch Rebbau. Grosse Weinbauern gab es nur wenige. Im unteren, klimatisch für den Weinbau günstigeren Kantonsteil waren die Rebareale deutlich grösser als im oberen (Epple 1996, S. 202ff und 222). Die damalige Bedeutung des Weins als alltägliches Getränk, auch für Kinder, ist nicht zu unterschätzen. Besonders in den Dörfern auf den Hochebenen des Tafeljuras war die Qualität des Trinkwassers schlecht. So heisst es etwa in der alten Heimatkunde von Ramlinsburg: «Als Getränke gelten neben dem nicht vorzüglichen Trinkwasser Wein und Branntwein» (Senn 1871, S. 1135).

Im letzten Viertel des 19. Jahrhunderts führten verschiedene Umstände zu einem raschen Rückgang des Rebbaus (vgl. Grafik 14, Suter 1926, S. 131f und Salathé 1983, S. 5): Schlechte Witterung, das Auftreten des Falschen und des Echten Mehltaus sowie ab 1906 der Reblaus bewirkten wiederholt grosse Ernteausfälle. Und mit der neuen Eisenbahn konnten plötzlich weniger saure ausländische Weine günstig importiert werden – nach der Eröffnung des Gotthardtunnels (1882) besonders aus Italien.

Seit 1970 beginnt die Reblandfläche wieder anzuwachsen. Ehemalige Rebareale werden reaktiviert und mit neuen Sorten bestockt. Weinbau wird zu einer beliebten Freizeitbeschäftigung. Rebberge können wertvolle landschaftliche Kleinode sein (vgl. Weidkuhn 1989, S. 187ff). Unsere Bilder zeigen, was in den früheren Rebarealen heute zu finden ist: zum Beispiel extensive Wiesen und Weiden für Kleinvieh, nicht selten Häuser und eben da und dort auch wieder neue Rebberge. ●

Kapitel 2: Blicke auf einzelne Bereiche der Bodenbewirtschaftung

Bild 99 (vgl. Bild 100): Rebberg von Ziefen, um 1900

Der grösste Teil des Rebbergs von Ziefen war um 1900 noch mit Reben bepflanzt. Es gab aber auch etliche Parzellen, welche mit Gras und Obstbäumen bewachsen waren. Das Muster der Bünten und Baumgärten des Talgrunds setzte sich zum Teil im Rebbergareal fort (rechts im Bild).

Entwicklungen bei den Rebbergen

Bild 100 (vgl. Bild 99):   Rebberg von Ziefen, 10.3.1995

Ein Teil des Rebbergs ist zur Bauzone geschlagen worden. Mehrere Flächen sind, nach jahrzehntelangem Unterbruch, wieder neu mit Reben bepflanzt – heute mit feinen Terrassierungen, wie man sie früher nicht angelegt hatte. Daneben gibt es noch vielfältig strukturierte Flächen, welche denjenigen auf Bild 99 nicht unähnlich sind.

Kapitel 2: Blicke auf einzelne Bereiche der Bodenbewirtschaftung

Bild 101 (vgl. Bild 102):   Südhang des Dielenbergs, Oberdorf, um 1930

1938 gab es am Dielenberg-Südhang keine fünfzig Aren Reben mehr (Gerber 1993, S. 140). Bild 101 zeigt, dass aber das alte vielfältige Parzellengefüge intakt geblieben war. Anstelle der Reben waren kleine Getreideäcker und Obstbäume entstanden – und zahlreiche Nischen für wärmeliebende Pflanzen- und Tierarten.

Entwicklungen bei den Rebbergen

Bild 102 (vgl. Bild 101):   Rebberg am Südhang des Dielenbergs, Oberdorf, 19.7.1995

Heute ist der untere Teil des Dielenbergs mit Häusern überbaut. Der alte Rebberg ist wieder mehrheitlich mit Reben bepflanzt. Zwischen den Rebflächen sind nicht wenige Bäume aus der rebenarmen Zeit stehen geblieben. Die landschaftliche und ökologische Vielfalt dieses Hangs besteht trotz wechselnder Bewirtschaftung weiter.

Kapitel 2: Blicke auf einzelne Bereiche der Bodenbewirtschaftung

Bild 103 (vgl. Bilder 104 und 105):   Schleifenberg, Liestal, vor 1892

Leuthardt (1930, S. 185) schreibt: «Schon seit alter Zeit trug dieser Südhang Reben, die mit fast rührendem Fleisse gepflegt wurden. Noch vor 40 Jahren zog sich ein ununterbrochener Rebberg vom Windental bis nach Füllinsdorf.» Bild 103 bestätigt diese Aussage für den östlichen Teil des Schleifenbergs auf eindrückliche Weise.

Entwicklungen bei den Rebbergen

**Bild 104 (vgl. Bilder 103 und 105):
Schleifenberg, Liestal, vor 1920**

Leuthardt (1930, S. 185) schreibt weiter: «Wegen Missjahren, durch Pilzkrankheiten hervorgerufen, ist dieser Weinberg bis auf kleine Reste verschwunden und hat der Luzerne und Obstbäumen Platz gemacht. Dass an den besten Lagen dornige Akazien gepflanzt wurden, in deren Schatten Flora und Fauna verarmt, hat nicht jedermanns Verständnis und Beifall gefunden.» Die Pflege des Rebbergs war eine sehr aufwändige Sache. Man war es somit gewöhnt, an diesem steilen Hang viel zu arbeiten. Auch nach dem Verschwinden der Reben wurde das steile, steinige Gelände intensiv bewirtschaftet. Das neue Gesicht des Schleifenbergs zeigt dies deutlich. Es entstand eine nischenreiche neue Kulturlandschaft.

**Bild 105 (vgl. Bilder 103 und 104):
Schleifenberg, Liestal, 20.9.1998**

Heute haben die grossen Flächen des ehemaligen Rebbergs wieder ein anderes neues Gesicht: Sie sind mit Wald bewachsen oder mit Häusern überbaut, und im östlichen Abschnitt, beim Windental, ist eine Weide mit Streuobstbäumen entstanden. Der landschaftliche Reichtum von einst hat eine grosse Trivialisierung erfahren.

Kapitel 2: Blicke auf einzelne Bereiche der Bodenbewirtschaftung

Bild 106 (vgl. Bild 107):   Rekultivierung des Rebbergs, Seltisberg, 1.2.1994

Seit den Siebzigerjahren nimmt die Fläche der Rebberge wieder zu (vgl. Grafik 14). Die meisten Neuanlagen werden durch Hobby-Winzerinnen und -Winzer an Orten angelegt, wo es früher schon Reben gab. So auch in der Gemeinde Seltisberg, wo eine eigens gegründete Gesellschaft eine kleine alte Rebparzelle gepachtet hat. In aufwändiger Arbeit wurden die noch bestehenden Terrassen des ehemaligen Rebbergs freigelegt.

Bild 107 (vgl. Bild 106):   Rebberg, Seltisberg, 24.6.1999

Heute präsentiert sich der Rebberg in alt-neuer Frische. Ein Stück traditionelle Kulturlandschaft ist aus dem Dornröschenschlaf erwacht.

Entwicklungen bei den Rebbergen

Bild 108: alte Rebmauer, Seltisberg, 1.2.1994

Im Rahmen der Rebberg-Rekultivierung wurden die alten Rebmauern sorgfältig restauriert. Unverfugte Mauern an warmen Südhängen bieten Lebensraum für verschiedene wärmeliebende Tierarten (zum Beispiel Mauereidechsen *(Podarcis muralis)*, wenn der Siedlungsraum mit den Katzen nicht allzu nah ist). Im Vordergrund des Bilds ist noch ein Rebstock zu sehen, welcher seit der Aufgabe des alten Rebbergs, nach 1900, die Zeit im Dickicht überdauert hat.

Bild 109: Bruchstein- und Betonmauer, Schleifenberg, Liestal, 4.2.1990

Heute werden da und dort neue Bruchsteinmauern erstellt, nachdem man jahrelang Mauern fast nur noch mit Beton ausgeführt hat. Es hat sich nämlich gezeigt, dass unverfugte Bruchsteinmauern nicht nur als Lebensraum wertvoll sind. Sie weisen auch eine grosse Beständigkeit auf. Am Schleifenberg, zum Beispiel, findet man im Wald zahlreiche alte Rebmauern, welche hundert Jahre nach der Aufgabe des Rebbergs noch weitgehend intakt sind. Betonmauern müssen den Beweis einer derartigen Beständigkeit erst noch erbringen.

Kapitel 3

Blicke auf grosse Linien im Offenland

Wer sich die nötige Zeit dazu nimmt, von einem Aussichtspunkt aus die Landschaft mit wachen Augen eingehend zu betrachten, wird nicht selten zunächst ein Gefühl des Überfordertseins verspüren. Wie sollen die vielfältigen Eindrücke geordnet, zu denk-gerechten Einheiten zusammengefasst werden?
Sehr bald legen wir dann einen virtuellen Massstab über Wälder, Wiesen und Häuser. Aha, die Bäume sind nur so klein, und erst die Menschen... Dann suchen wir nach vertrauten Konturen – und das sind häufig Linien. Da sind einmal die Horizontlinien. Es hat uns einmal jemand gesagt, wie der Passwang aussieht, der Wisenberg, wo wir auch schon mehr als einmal waren. Oder wir haben es mit einer Karte herausgefunden oder, noch eingängiger, mit einem Panorama. Die Panoramenzeichner sind ja *die* Meister der Horizontlinien. Ausgehend von diesen uns bekannten Horizontabschnitten können wir nun also

Kapitel 3: Blicke auf grosse Linien im Offenland

Bild 110: Linien in der Landschaft, Grellingen, um 1943

Bei der Betrachtung eines Landschaftsausschnitts heftet sich unser Blick gern an Linien: Horizontlinien, Waldränder, Hecken und Baumreihen, Fliessgewässer, Bahnlinien, Wege und Strassen, Häuserzeilen etc.

den Raum immer feiner gliedern. Wieder spielen Linien dabei eine wichtige Rolle. Wir orientieren uns am Verlauf von Waldrändern, Flüssen und Bächen, an Felsbändern, Strassen, Bahnlinien, Hochspannungsleitungen. Dann, noch feiner, an Hecken, Baumreihen, Äckern, kleinen Wegen, Häuserzeilen (vgl. Bild 110). Von diesen Linien ausgehend suchen wir einzelne Punkte, den Kirchturm dieser oder jener Gemeinde, das Wohnhaus der Verwandten… – um damit in der Regel die anstrengende Augen-Reise abzuschliessen. Ob (und wie) wir auf diese Weise Landschaft begriffen haben, sei hier dahingestellt.

In den Abschnitten dieses Kapitels sollen einige besonders bedeutsame grosse Linien im Offenland verfolgt werden. Es ist zu zeigen, dass auch die vermeintlich «natürlichen» Linien der Bäche schon früh stark vom Menschen bestimmt wurden. Sodann ist auf Wirkungen der vom Menschen geschaffenen Strassen- und Bahnlinien hinzuweisen. ●

Veränderungen bei den Fliessgewässern

Zwischen dem 18. und dem frühen 20. Jahrhundert blieb in der Schweiz kein grösseres Fliessgewässer unkorrigiert. Für unseren Kanton übernahm der Seltisberger Orismüller und «Landcommissarius» Johann Jakob Schäfer ab 1809, in den letzten fünfzehn Jahren seines Lebens, die Planung und Bauleitung zahlreicher Wasserbauten an der Ergolz, der Frenke und vor allem an der Birs. Er stand in Kontakt mit den grossen Wasserbauern seiner Zeit, mit Johann Gottfried Tulla, dem Badischen Wasserbaudirektor, und Hans Konrad Escher von der Linth (Apotheker 1950, S. 136f).

Es ist für uns heute eine Selbstverständlichkeit, dass Bäche und Flüsse als Linien in der Landschaft verlaufen. Aber in der Zeit der erwähnten Wasserbau-Pioniere herrschten andere Verhältnisse. Grosse Flächen des Talgrunds gehörten noch den Gewässern. Besonders eindrücklich sind die in alten Darstellungen überlieferten Verhältnisse im Birstal (vgl. zum Beispiel Meier-Küpfer 1985, S. 31ff, 109 oder Schneider & Ernst 1999). Nur vor einem solchen Hintergrund ist die berühmte, von Tulla 1812 formulierte Maxime heute überhaupt noch zu verstehen: «Kein Strom oder Fluss hat in der Regel mehr als ein Flussbett nötig!» (zitiert in Vischer 1986, S. 14). Die Maxime wurde zum folgenschweren Programm. Es galt Überschwemmungen, Mückenplagen und Krankheiten zu reduzieren. Gleichzeitig konnten aber vor allem auch neue Flächen für landwirtschaftliche Nutzungen gewonnen werden. Ausserdem wurde so der Wunsch nach erosionssicheren Abgrenzungen zwischen den Wasserläufen und dem Kulturland erfüllt.

Die während Jahrzehnten in zahlreichen grösseren und kleineren Schritten vorgenommenen Eingriffe führten an den Haupt-Fliessgewässern des Baselbiets insgesamt zu einem sehr hohen Verbauungsgrad. Einen letzten massiven Verbauungsschub erlebten die grösseren Gewässer in den Siebzigerjahren.

> «Die ganzen Bachgebiete und ihre Bevölkerung gewinnen durch die Korrektion und sachgemässe Unterhaltung der Bäche, weil die Gefahren, welche bisher den Gütern, Häusern, Brücken und Strassen etc. drohten, verschwinden oder doch sehr vermindert werden, [...] Mit der grösseren Sicherheit des Besitzes wächst die Freude an demselben und damit die Lust zu einer intensiveren Bewirthschaftung und Benutzung; der Ertrag der Grundstücke steigt, die Wohnungen werden wohnlicher und gesunder, der Verkehr auf den Strassen und Brücken bleibt ungestört, der Wohlstand der Bevölkerung hebt sich, und das Gefühl, ein gegen Elementarereignisse sicheres Heimwesen zu besitzen, erhöht den Unternehmungsgeist.»
>
> Quelle: Landolt (1887), S. 108

Kapitel 3: Blicke auf grosse Linien im Offenland

Einer damaligen Mode gehorchend, sicherte man Kilometer für Kilometer der Ufer mit Schwarzwaldgranit-Blöcken. Die Auenbereiche, einst natürliche Rückhaltegebiete für grosse Wassermengen und Lebensraum für zahlreiche Tier- und Pflanzenarten, wurden bis auf kaum nennenswerte Reste zurückgedrängt. Hurni & Amiet (1989, S. 133) fanden an der Ergolz ab Sissach nur gerade noch zirka fünfundzwanzig Meter naturnahe oder natürliche Ufer mit genügend breitem Uferstreifen, an der Birs zirka dreissig Meter, am Birsig zirka zwanzig Meter.

Auch die kleinen Bäche wurden verbaut, besonders im 20. Jahrhundert. Zum Teil waren sie früher schon für die Wässerung der Talmatten aus der Talsohle verlegt worden. Im Rahmen von Meliorationsarbeiten wurden ausserdem Bachabschnitte in Röhren gelegt. Evéquoz (1988, S. 140ff) hat erhoben, dass das Gewässernetz in einem 144 Quadratkilometer umfassenden Gebiet in der Region Waldenburg-Läufelfingen 1883 eine Länge von 251,8 Kilometern hatte. Bis 1976 verschwanden davon durch Eindolung 60,3 Kilometer, was fast einem Viertel entspricht. Die meisten Eingriffe erfolgten vor 1955.

Bäche sind, besonders auch mitten in stark überbauten Gebieten, wichtige biologische Linien. Ihr Wert hängt einmal ab von der Wasserqualität. Diese nahm in den fünfziger Jahren in vielen Bächen rapide ab, was immer wieder zu Fischsterben führte. Die konsequente Reinigung der Abwässer seit den Sechzigerjahren hat hier Gutes bewirkt. Wichtig ist aber auch die Bestockung der Ufer. Sie spendet den Wassertieren Schatten und, im Wurzelbereich, Unterschlupf. Ausserdem bewirkt sie einen effizienten Erosionsschutz. Bedeutung für die biologische Vielfalt eines Gewässers hat ferner der Nischenreichtum im Bachbett, das Vorhandensein von Kurven und Kiesbänken (vgl. Minder 1989, S. 276f).

Seit den Achtzigerjahren werden Bäche wieder da und dort aus dem Boden hervorgeholt. Man unternimmt heute auch Anstrengungen, um allzu naturfern verbaute Gewässer zu renaturieren. Grosszügige Lösungen sind aber meistens nicht möglich; dafür fehlt der Platz. Denn die Talböden sind bis nahe an die Wasserlinien mit Bauten oder Kulturland belegt, und die Interessen an diesen Flächen steigen mit dem Anwachsen der Bevölkerung noch immer. Röthlisberger (1991, S. 107) folgert aus diesem Umstand: «Die Aufwendungen für Unterhalt und Schutzerweiterung nehmen also nicht ab oder bleiben konstant, sondern sie nehmen langfristig zu.» Die Zeitungsberichte nach jedem Hochwasser scheinen ihm recht zu geben. Da wird regelmässig der Ruf nach weiteren, besseren Verbauungen laut. •

> «Gehörten früher viele schweizerische Talböden gleichsam den Flüssen, so nahm sie nun der Mensch in Besitz. Die von vielen Flussarmen und damit von unzähligen Inseln geprägten Auen und angrenzenden Sümpfe mussten einem bald intensiv genutzten Acker- und Weideland weichen. Dass der Mensch dabei mancherorts sehr weit vorrückte und den Flüssen nur noch enge begradigte Gerinne zugestand, mag man aus heutiger Sicht bedauern. Doch waren die Zeiten damals anders, insbesondere herrschte in grossen Teilen der Landbevölkerung noch bittere Armut und rief nach Abhilfe.»

Quelle: Vischer (1986), S. 20

Veränderungen bei den Fliessgewässern

Bild 111: Ufergehölz entlang der Frenke, Liestal, 1904

Die Frenke schlängelte sich als biologisches Band durch die Landschaft. Die Uferbestockung wurde regelmässig geschnitten.

Bild 112: Ufer von Frenke und Ergolz, Liestal/Füllinsdorf (Luftbild), 26.7.1994

Heute ziehen sich Bäche oft als einzige grüne Linien mitten durch den Siedlungsraum. Die Uferbestockung der Frenke, rechts im Bild, ist stark gewachsen. Die Ergolz ist links als dunkles Band zu erkennen. Entlang solcher Bänder können Tiere und Pflanzen quer durch das überbaute Gebiet wandern. In der rechten Bildhälfte ist das «Ergolz-Band» nur schwach zu sehen. Die Liestaler Umfahrungsstrasse verläuft teils direkt über der Ergolz, teils so nah an ihrem Ufer, dass für Gehölze kein Platz mehr bleibt – ein einschneidender Eingriff.

Kapitel 3: Blicke auf grosse Linien im Offenland

Bild 113 (vgl. Bild 114): Steinenbrüggli, Liestal, 1931

Mit dem vorliegenden Bildpaar kann die Entwicklung der Ufergehölze beim Steinenbrüggli aus der Nähe betrachtet werden. 1931 säumten Gebüsche und niedere Bäume die Ufer der Frenke. Bis 1987 sind die Gehölze zu einem «Wald» hochgewachsen. Der Lebensraum hat sich verändert, weniger Sonne kann bis auf den Boden gelangen. Auf den beiden Bildern kann noch etwas...

Bild 114 (vgl. Bild 113): Steinenbrüggli, Liestal, 20.10.1987

...schön verfolgt werden: die erosive Kraft des Wassers. Die Frenke bildet beim Steinenbrüggli über den harten Murchisonae-Schichten einen kleinen Wasserfall. Ein Vergleich der Lage der Gesteinsbänke im Bachbett zeigt, dass das Wasser in nur 56 Jahren beträchtliche Mengen des harten Gesteins wegerodiert hat. (Als Konstante nehme man den rechten Brückenpfeiler.) Im Bachbett hat sich auch die Lage der Kiesbänke verändert.

Veränderungen bei den Fliessgewässern

Bild 115: Verbauung der Ergolz, Füllinsdorf, 1913(?)

Von Gewässerkorrektionen waren oft lange Flussabschnitte betroffen. Auf diesen Grossbaustellen wurde allein Manneskraft eingesetzt – ein Heer von Arbeitern. Es gab keine Maschinen. Planung und Oberaufsicht über das Wasserbauwesen lagen beim «Strassen- und Wasserbauinspektor».

Kapitel 3: Blicke auf grosse Linien im Offenland

Bild 116 (vgl. Bild 117): Verbauung der Ergolz bei der Nikotinfabrik, Liestal, 1918

Im «Gesetz über die Gewässer und die Wasserbau-Polizei vom 9. Juni 1856» (Kanton Basel-Landschaft 1856) wurden wichtige Grundsätze für die Gewässerkorrektionen festgelegt. Es galt, die Gewässer nach den Regeln der Wasserbaukunst zu ordnen, also Krümmungen auszumerzen, die Ufer abzuböschen und zu verbauen. Für jedes grössere...

Veränderungen bei den Fliessgewässern

Bild 117 (vgl. Bild 116):   Ergolz bei der ehemaligen Nikotinfabrik, Liestal, 1.7.1999

...Fliessgewässer legte der Regierungsrat eine Normbreite fest. Diese wurde genau ausgemessen und mit Steinen markiert. Damit wurde die Vorstellung vom Fliessgewässer als einer immer gleichen Linie in der Landschaft endgültig fixiert. Das 1918 bei der Nikotinfabrik festgelegte Ergolz-Bett blieb bis heute erhalten.

Kapitel 3: Blicke auf grosse Linien im Offenland

Bild 118 (vgl. Bild 119): Verbauung der Ergolz, Füllinsdorf, 1913(?)

Das rechte Ufer der Ergolz wurde mit einem Ruten-Flechtwerk (Faschinen) verbaut (auf Bild 115 schön zu sehen) – eine Methode, welche heute wieder verbreitet praktiziert wird. Die Ruten schlagen oft Wurzeln, und es wachsen Gebüsche. Ein Ufer, das dicht von Wurzeln durchwachsen ist, vermag gut der Erosion standzuhalten. Die einst am linken Ufer säuberlich montierten Zementplatten...

Bild 119 (vgl. Bild 118): Ergolz bei Füllinsdorf, 16.2.1988

...wurden vom Wasser radikal weggerissen, was uns an die volks-etymologische Deutung des Namens «Ergolz» bei Sutter (1863, S. 398) erinnert : «Nicht mit Unrecht trägt das Gewässer seinen Namen; denn ein Erdgolz wäre ein Golz, ein Schwein, das in der Erde wühlt. Und das hat die Ergolz schon oft gethan...» (Zur Deutung des Namens «Ergolz» vergleiche man Heller-Richoz 1999, S. 126ff.)

Veränderungen bei den Fliessgewässern

Bild 120: Verbauung des Schönthalbachs, Langenbruck, 1932

Was bei den grossen Fliessgewässern geschah, wurde bei den kleinen nicht weniger durchgeführt. Zahlreiche Verbauungen wurden vor allem in der Folge des schweren Unwetters vom 22. Juni 1926 an die Hand genommen (vgl. Röthlisberger 1991, S. 80). Besonders im Innern der Ortschaften wurden Bäche in «Schalen» gelegt. Das abgebildete Beispiel zeigt die Pflästerung eines Bachbetts ausserhalb des Dorfs, an einer Stelle, wo ein derartiger Eingriff schwer verständlich bleibt. Zahlreiche Bäche wurden so jeglicher Dynamik beraubt und auf lange Zeit hinaus zu «Gerinnen» oder «Vorflutern» degradiert. Für Lebewesen blieb wenig Raum.

Bild 121: Blockwurf an der Ergolz, Liestal, 3.7.1999

Die Verbauung der Fliessgewässer unterlag mehreren Modeströmungen. So wie das Pflästern der kleinen Bäche während längerer Zeit eine verbreitete Praxis war, war es später die Ufersicherung mit Blockwurf. Jede Zeit erachtete ihre Methode als unübertrefflich und setzte sie konsequent ein. Daher sichern seit den Siebzigerjahren ortsfremde Granitblöcke fast alle grösseren Bachufer. Die damalige Verbauungspraxis brachte schwerwiegende Eingriffe in die Landschaft.

Kapitel 3: Blicke auf grosse Linien im Offenland

» Zurzeit sind noch Fischotter in der Birs bei Grellingen vorhanden. Diese werden uns öfters aus dem ganzen unteren Birslauf gemeldet. Vor zwei Jahren, 1921, fing ein Fischer eine junge Otter in der Fischreuse, die er bei Münchenstein längs dem Kraftwerk aufgestellt hatte. Wie gewöhnlich schlug er das Tier tot. [...] 1919, irre ich nicht, erhielt ich Kunde, dass sich im Fabrikkanal der Spinnerei Grellingen eine Fischotter gezeigt und vom dortigen Nachtwächter getötet worden sei. [...] Die Otter war im Kanal hinaufgeschwommen und ist von dem Wächter in den Hof getrieben und in einer Ecke erschlagen worden. Herr Kilchher erzählte mir, dass jetzt noch eine Otterfamilie dort in der Birs vorhanden sei. »

Quelle: Fischer-Sigwart (1923), S. 4

Bild 122: Rudolf Plattner mit Fischotter, Reigoldswil, 8.12.1926

Rudolf Plattner hat mit einer Falle an der Hintern Frenke bei Reigoldswil, im Bereich des Hofs Bütschen, einen der letzten Fischotter (*Lutra lutra*) der Gegend gefangen. Der Fischotter steht hier als Beispiel einer Tierart, welche die zunehmende Omnipräsenz des Menschen im Raum nicht überleben konnte. Zwar wurde ihm aktiv nachgestellt, aber es gäbe ihn wohl auch sonst nicht mehr. Er ist inzwischen in der ganzen Schweiz ausgestorben (vgl. Hausser 1995, S. 402). Die Veränderungen und Störungen in seinem Lebensraum – erwähnt seien Uferverbauungen, Fussgänger auf dem Uferwegnetz, Fischer – wären heute zu gross für ihn.

Veränderungen bei den Fliessgewässern

> «Der kantonale Naturschutzpräsident von Baselstadt und -land, Dr. F. Leuthardt schreibt mir am 26. Februar 1917 das folgende: ‹Seit einer längern Reihe von Jahren ist nach meinen Erkundigungen an zuständiger Amtsstelle (Kantonspolizei) weder für Fischotter noch für Raubvögel oder irgend welches andere Raubwild ein Schussgeld bezahlt worden und wird auch in Zukunft keines mehr bezahlt werden, da die bezügl. Bestimmung stillschweigend auf dem Verwaltungswege aufgehoben worden ist. Vor etwa 5 Jahren wurde, wie ich an obiger Amtsstelle erfuhr, ein Fischotter in Oberwil und vor ca. 2 Jahren einer in Lausen erlegt. Es ist möglich, dass im Kantonsgebiet noch das eine oder andere Exemplar vorhanden ist, doch kenne ich keinen positiven Fall. Erschwerend für das Fortkommen des Tieres ist die gesetzlich vorgeschriebene Verbauung der Bachufer, wodurch den Tieren die Schlupfwinkel entzogen werden.› »

Quelle: Sarasin (o.J., ca. 1917), S. 13

Bild 123: Verzeichnis über erlegte Graureiher und Fischotter im Kanton Basel-Landschaft zwischen 1891 und 1926, 20.1.1927

Mit Prämien gab der Kanton Anreiz zur Ausrottung der «Schädlinge» – beim Fischotter *mit*, beim Graureiher *ohne* abschliessenden Erfolg. Der Kanton führte genau Buch über die erlegten Tiere.

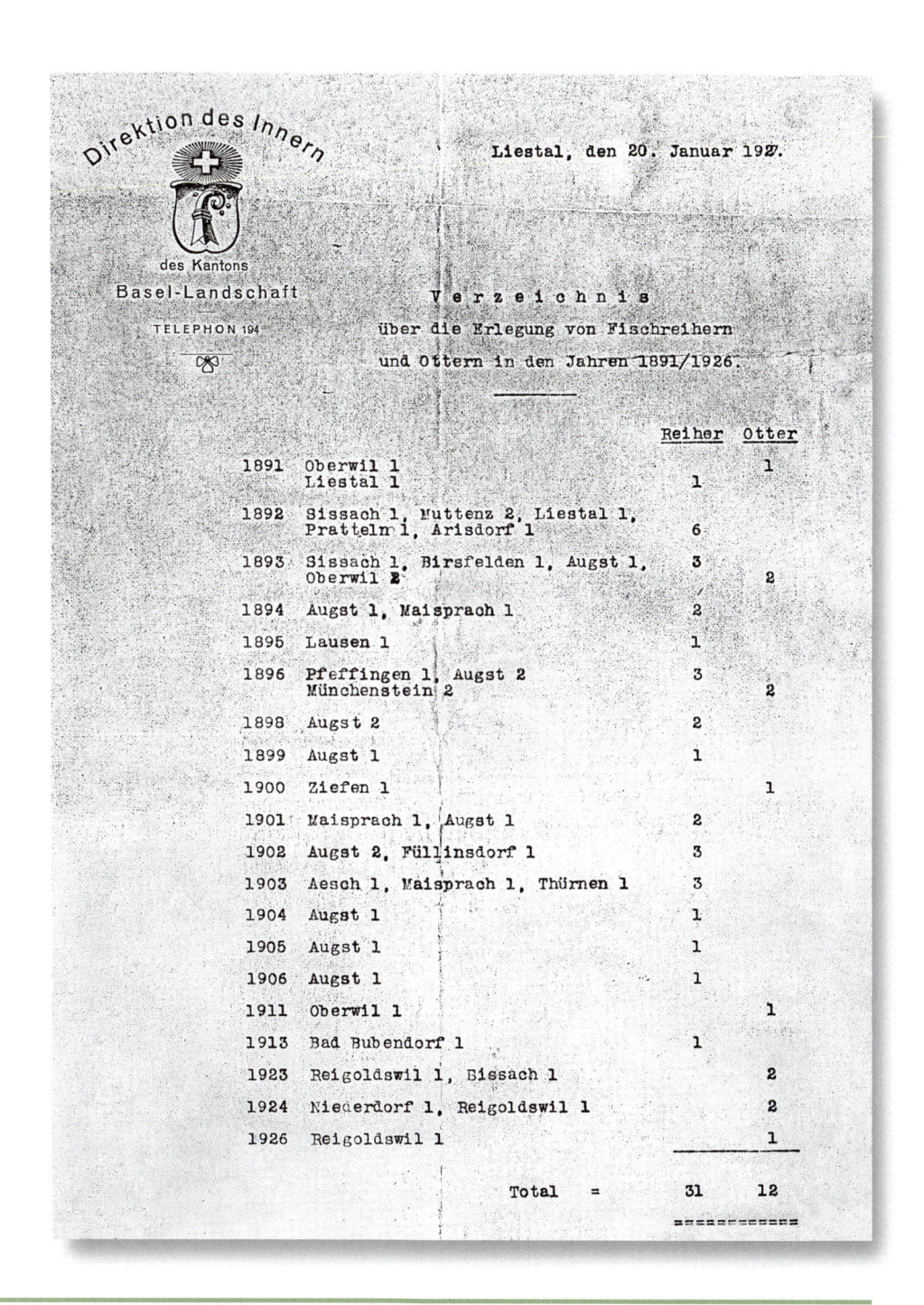

Direktion des Innern des Kantons Basel-Landschaft
TELEPHON 194

Liestal, den 20. Januar 1927.

Verzeichnis
über die Erlegung von Fischreihern und Ottern in den Jahren 1891/1926.

Jahr	Ort	Reiher	Otter
1891	Oberwil 1		1
	Liestal 1	1	
1892	Sissach 1, Muttenz 2, Liestal 1, Pratteln 1, Arisdorf 1	6	
1893	Sissach 1, Birsfelden 1, Augst 1, Oberwil 2	3	2
1894	Augst 1, Maisprach 1	2	
1895	Lausen 1	1	
1896	Pfeffingen 1, Augst 2, Münchenstein 2	3	2
1898	Augst 2	2	
1899	Augst 1	1	
1900	Ziefen 1		1
1901	Maisprach 1, Augst 1	2	
1902	Augst 2, Füllinsdorf 1	3	
1903	Aesch 1, Maisprach 1, Thürnen 1	3	
1904	Augst 1	1	
1905	Augst 1	1	
1906	Augst 1	1	
1911	Oberwil 1		1
1913	Bad Bubendorf 1	1	
1923	Reigoldswil 1, Bissach 1	2	
1924	Niederdorf 1, Reigoldswil 1	2	
1926	Reigoldswil 1		1
Total		**31**	**12**

Kapitel 3: Blicke auf grosse Linien im Offenland

Bild 124: Beispiele von Zeitungsberichten über Bach-Ausdolungen und -Renaturierungen

Über Jahrzehnte hinweg wurden Gewässer eingedolt oder hart verbaut. Seit einigen Jahren sind da und dort Bestrebungen im Gang, diese Eingriffe wieder rückgängig zu machen. Mehrere Bachabschnitte wurden wieder ausgedolt, andere hat man von den harten Verbauungen befreit. So konnte in kleinen Schritten etwas von der verloren gegangenen landschaftlichen Vielfalt zurückgewonnen werden.

Veränderungen bei den Fliessgewässern

Bild 125 (vgl. Bild 126):   Birs vor der Renaturierung, Münchenstein, Sommer 1985

Die grosse Fläche, in welcher die Birs einst mäandrierte, ist heute überbaut (vgl. Bild 231). Die kürzlich durchgeführte Renaturierung...

Bild 126 (vgl. Bild 125):   Birs nach der Renaturierung, Münchenstein, 2.7.1999

...musste sich deshalb weitgehend damit bescheiden, die monotonen Blockwurfreihen aufzureissen und Licht in die Uferpartien zu bringen.

Kapitel 3: Blicke auf grosse Linien im Offenland

Bild 127 (vgl. Bild 128): Kopfweiden, Frühlings-Aspekt, Häfelfingen, 9.4.1995

Das Bächlein entlang des Wegs oberhalb von Häfelfingen könnte eingedolt sein, wie es so viele andere Wiesenbächlein auch sind. Nun ist es aber eine vielfältige Linie im Offenland. Am Fuss der Kopfweiden leben die Dotterblume (*Caltha palustris*) und...

Bild 128 (vgl. Bild 127): Kopfweiden, Sommer-Aspekt, Häfelfingen, 2.7.1999

...die Moor-Spierstaude (*Filipendula ulmaria*) ebenso wie der Bergmolch (*Triturus alpestris*). Die Wurzeln der Weiden verhindern Erosion am Rand des Bachbetts. Ausserdem können die Weidenruten auf den «Köpfen» geschnitten und fürs Korbflechten verwendet werden – wie dies früher häufig geschah. Unter dem Boden warten noch zahlreiche potenzielle «Kopfweiden-Bächlein» auf das Ausdolen.

Gleisanlagen und Strassen im Wandel

In der zweiten Hälfte des 19. Jahrhunderts brachte die *Eisenbahn* einschneidende Veränderungen – auch in unserem Kanton. Der Bau der Bahnlinien führte plötzlich und rasch zu Eingriffen in die Landschaft in einem Ausmass, wie es vorher höchstens von den grossen Wasserbauprojekten her bekannt war. Da wurden Tunnels und Brücken gebaut, gigantische Einschnitte in Hügel gemacht, Dämme aufgeschüttet. Am 21. November 1854 fuhr der erste Zug von Basel nach Liestal, am 1. Mai 1858 konnte die Strecke bis Olten eröffnet werden. Bald zeigten sich indirekte, in der Landschaft bemerkbare Folgen des Bahnbaus: Um die Bahnhofareale herum entstanden neue Siedlungsteile, besonders Industrieareale.

Vormals wichtige Verkehrsrouten verloren in der Folge rasch ihre Bedeutung, Transporte mit Pferdefuhrwerken waren immer weniger gefragt. Dass die Furcht der Bevölkerung vor dem neuen Verkehrsmittel nicht unbegründet war, zeigt eine frühe Unfallstatistik: Von 1864 bis 1868 waren auf dem noch bescheidenen schweizerischen Bahnnetz 152 Todesopfer und 89 Verletzte zu beklagen. Deutlich mehr als die Hälfte davon waren Bahnangestellte (Wirth 1871, S. 506).

Das *Strassen- und Wegnetz* war nach der Aufhebung des Flurzwangs vor allem im Bereich der Felder erweitert worden und genügte dann bis weit ins 20. Jahrhundert hinein dem Verkehrsaufkommen. Ausgelöst durch die starke Zunahme des Individualverkehrs (vgl. Grafik 15) wurden seit den Fünfzigerjahren zunächst die bestehenden Strassen verbreitert. Mit dem Bau der Autobahn setzte dann eine neue Phase tiefgreifender Landschaftsveränderungen ein. Es zeigte sich bald, dass das lineare Element Strasse, ähnlich wie früher die Bahn, eine enorme Wirkung auf die Fläche der umgebenden Landschaftskammern hat.

> «Der Siegeszug der Dampflokomotive liess die Bedeutung der Strassen in den Hintergrund treten. Während die Epoche der Eisenbahn nahezu von heute auf morgen anbrach, setzte sich das Zeitalter der Motorisierung vorerst nur langsam durch. Für jene wurden besondere Trasses angelegt – das Schienennetz –, für das Auto aber baute man bis in die neueste Zeit hinein auf Jahrhunderte, ja oft Jahrtausende alten Wegen auf, die für Ochsenkarren – oder von diesen selbst – geschaffen worden waren: Die meisten Kurven im Wegnetz entstanden nicht deshalb, weil menschliche Vernunft ihre Anlegung für richtig hielt, sondern weil die Zugtiere Hindernisse umgingen und den Weg des geringsten Widerstandes trotteten... Auf diesen Ochsenpfaden wurde das heutige Strassennetz aufgebaut!»
>
> Quelle: Auer (1964), S. 250

Kapitel 3: Blicke auf grosse Linien im Offenland

Bild 129: Eisenbahnbrücke Benzbur, Liestal, vor 1920

Der Eisenbahnbau brachte um die Mitte des 19. Jahrhunderts einschneidende Veränderungen in die Landschaft. Vorher, und bis weit ins 20. Jahrhundert hinein, gab es keine Bauten von vergleichbarem Ausmass.

Bild 130: Bahndamm, Läufelfingen, vor 1930

Für das Bahntrassee wurden zahlreiche grosse Dämme aufgeschüttet. In Läufelfingen hat man dabei in Kauf genommen, dass das alte Dorf entzweigeschnitten wurde. Die Bahnhöfe erbaute man meist ausserhalb der Dörfer. Sie wurden mit neuen Wegen erschlossen. In ihrem Umkreis entstanden neue Quartiere. Die kompakte Dorf-Struktur wurde durch diese Eingriffe aufgerissen.

Gleisanlagen und Strassen im Wandel

Bild 131: Erweiterung des Burgeinschnitts, Liestal, 1922

Beim Bau der Zentralbahn wurde 1855 der Burghügel bei Liestal auf rund 500 Meter Länge durchschnitten – ein in mehrfachem Sinne einschneidendes Werk. Um der Waldenburgerbahn ein eigenes Trassee zu schaffen, wurde der Burgeinschnitt 1922 verbreitert. Die zahlreichen neuen Böschungen entlang der Bahnlinie wurden bis vor wenigen Jahrzehnten als Wiesen unterhalten. Heute sind die einstigen Magerstandorte über grosse Strecken verbuscht. So sind neu entstandene Lebensräume der Zauneidechse *(Lacerta agilis)* wieder verloren gegangen.

Sissach: «Seit dem Zustandekommen der Eisenbahn erweitert sich das Dorf immer mehr der Eisenbahnlinie zu, und mag diese Abtheilung in Zukunft ‹Eisenbahngasse› genannt werden.»

Quelle: Leber (1863), S. 240

Sissach: «Die starke Zunahme von Schweizerbürgern anderer Kantone rührt hauptsächlich vom Eisenbahnbau und dem durch den Eisenbahnbetrieb erleichterten und vermehrten Verkehr, dann aber auch von den neu errichteten Fabriken her.»

Quelle: Leber (1863), S. 251

Ziefen: «Bevor die Eisenbahnen waren, wurde auch bedeutend mit Fuhren von Basel nach Genf und Zürich u.s.f. verdient. In jener Zeit fanden sich hier zirka 90 Pferde, während sie sich dato mehr als auf 1/3 reducirt haben.»

Quelle: Briggen (1862), S. 1257

Kapitel 3: Blicke auf grosse Linien im Offenland

Bild 132 (vgl. Bild 133): Getreideernte am Fuss des Schillingsrains, Liestal, vor 1960

In jüngster Zeit werden neue Strassen- und Bahnabschnitte in zunehmendem Mass unter den Boden verlegt, um Anwohner und Landschaft...

Bild 133 (vgl. Bild 132): Portal-Bereich des Adlertunnels im Bau, Schillingsrain, Liestal, 16.7.1999

...vor weiteren Beeinträchtigungen zu verschonen. Allein im Bereich der Tunnelportale entstehen jedoch beträchtliche Landschaftsveränderungen.

Gleisanlagen und Strassen im Wandel

Bild 134 (vgl. Bild 135): Kantonsstrasse bei Rümlingen, um 1948

Vom Nachbardorf Diepflingen heisst es bei Tschudi (1863, S. 130a): «...bis zum Jahre 1801 wurde das Bachbette (Homburgerbach) zugleich als Fahrstrasse benutzt. Die Fuhrleute ritten dabei entweder zu Pferde...

Bild 135 (vgl. Bild 134): Kantonsstrasse bei Rümlingen, 15.7.1999

...oder gingen zu Fusse dem Ufer entlang, und führten die Thiere, welche das Fuhrwerk nachschleppten, von da aus an einer Halfter.» In weniger als zweihundert Jahren hat sich ein fast unvorstellbarer Wandel (auch der Landschaft) vollzogen.

Kapitel 3: Blicke auf grosse Linien im Offenland

Bild 136: Autobahnbau, Eptingen, um 1968

Die Kantons- und Gemeindestrassen vermochten, auch wenn sie laufend verbreitert wurden (vgl. Bilder 134 und 135), die Verkehrsflut immer weniger zu «schlucken». Der Autobahnbau hat – rund hundert Jahre nach der Eisenbahn – wieder eine neue Dimension von Grosseingriffen in die Landschaft gebracht.

Gleisanlagen und Strassen im Wandel

Bild 137: Autobahn, Augst, 8.4.1996

Eine Autobahn schafft einerseits Verbindungen: Sie lässt die Menschen von weit auseinander liegenden Orten näher zusammenrücken. Eine Autobahn schafft andererseits Trennungen: Für alle Lebewesen, welche nicht fliegen können, ist sie eine unüberwindbare Barriere. Vor diesem Hintergrund haben die grünen Böschungen nur einen beschränkten ökologischen Wert.

Grafik 15 (vgl. Tabelle 15): Anzahl Personenwagen im Kanton Basel-Landschaft

Zwischen 1980 und 1990 hat der Fahrzeugbestand (noch immer) um 23 Prozent zugenommen.

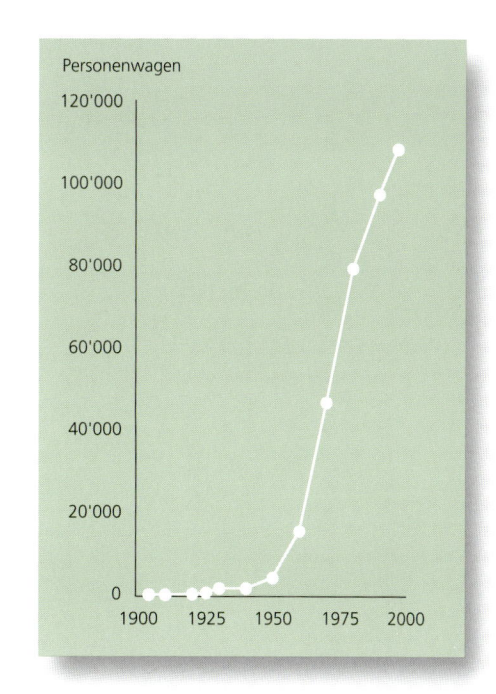

»Langsam nur hat sich die Erkenntnis durchgerungen, dass auch mit einem noch so intensiven Ausbau des bestehenden Strassennetzes den Forderungen des rapid zunehmenden Motorfahrzeugverkehrs nicht Genüge geleistet werden kann: Was im letzten Jahrhundert der Bahn eingeräumt worden war – ein eigenes Netz –, musste nun auch dem Motorfahrzeug zugestanden werden: der Bau von Autobahnen.«

Quelle: Auer (1964), S. 257

Kapitel 3: Blicke auf grosse Linien im Offenland

Bild 138 (vgl. Bild 139):   Blick von der Bergflue auf das Diegtertal, um 1955

Vor dem Bau der Autobahn, zur Zeit der Aufnahme von Bild 138, war das Diegtertal ein von traditioneller, vielfältiger Landwirtschaft geprägter Raum. Es wurde relativ wenig Ackerbau betrieben. Ansonsten hatte sich das Landschaftsbild seit Jahrzehnten wohl nur unwesentlich verändert. Die einzelnen Ortsteile des langgestreckten Dorfs Diegten waren deutlich voneinander getrennt. In solch abgelegener ländlicher Lage kam es kaum einem Auswärtigen in den Sinn, ein neues Haus zu bauen.

Gleisanlagen und Strassen im Wandel

Bild 139 (vgl. Bild 138):   Blick von der Bergflue auf das Diegtertal, 19.7.1995

Nur vierzig Jahre später liegt ein tiefgreifend umgestalteter Landschaftsausschnitt vor uns. Am 23. Dezember 1970 ist die Nationalstrasse durch das Diegtertal eröffnet worden. Es zeigt sich, dass den Interessen der Nation vieles untergeordnet wurde. Die Strasse dominiert das Tal optisch, aber auch akustisch. Sie teilt es der Länge nach und beansprucht viel Land. Auch der Siedlungsraum und die Landwirtschaftsflächen haben sich grundlegend verändert.

Kapitel 3: Blicke auf grosse Linien im Offenland

Bild 140 (vgl. Bilder 141, 142 und 143):   Arisdorf (Luftbild), 23.3.1953

(Westen ist auf allen Bildern oben.) Als Gründe für die Durchführung einer Gesamtmelioration in Arisdorf nennen Kunz & Mory (1982, S. 14): «Unzweckmässige, zum Teil ungenügend ausgebaute Wege, starke Zerstückelung des Grundbesitzes, Bau der Nationalstrasse N2.» Bild 140 zeigt die Gemeinde vor dem Beginn...

Bild 141 (vgl. Bilder 140, 142 und 143):   Arisdorf (Luftbild), 24.6.1965

...der Eingriffe. In allen von der Autobahn durchschnittenen Dörfern, mit Ausnahme von Augst, wurden Gesamtmeliorationen – zumeist vom Regierungsrat verfügt – als begleitende Massnahme zum Bau der Strasse durchgeführt (Huber 1964, S. 75). Auf Bild 141 sind erste Veränderungen beim Wegnetz zu beobachten. Beim Dorf...

Gleisanlagen und Strassen im Wandel

Bild 142 (vgl. Bilder 140, 141 und 143): Autobahn, Arisdorf (Luftbild), 3.6.1970

...bereitete man sich auf einen Wachstumsschub vor (Ringstrasse). Auf Bild 142 steht die Nationalstrasse kurz vor der Eröffnung. Das Wegnetz wurde weiter verändert, die Äcker wurden vergrössert. Zwischen 1970 und 1994 (Bild 143) sind bei den Feldern und Wegen erneut Wandlungen festzustellen, und zahlreiche Obstbäume...

Bild 143 (vgl. Bilder 140, 141 und 142): Autobahn, Arisdorf (Luftbild), 26.7.1994

...sind verschwunden. Die vier Bilder zeigen: Der Autobahnbau darf nicht nur als lineares Phänomen gesehen werden. Die Strasse wirkt als Katalysator für grossflächige Landschaftsveränderungen in der Umgebung (vgl. auch die Bilder 138 und 139).

Kapitel 4

Blicke auf den Wald

Während der Foto-Wiederholungsarbeiten war eine unserer häufigsten spontanen Feststellungen die, dass die Bäume in den Wäldern, aber auch Baumreihen und Einzelbäume, in den vergangenen Jahrzehnten fast ohne Ausnahme deutlich an Grösse zugenommen haben. Dies hängt mit den einschneidenden Veränderungen in der Bedeutung des Holzes für den Menschen zusammen. Während Jahrhunderten war es für zahllose Einrichtungen und Geräte *der* Rohstoff und für Gewerbe und Haushalt *der* Brennstoff.
Nach der Eröffnung der Eisenbahn brachten Kohleimporte schon bald tiefgreifende Veränderungen im Energiesektor (vgl. Marek 1992). In den vergangenen Jahrzehnten sind zahlreiche neue Werkstoffe sowie Öl, Gas und Elektrizität in vielen Bereichen an die Stelle von Holz getreten. In unserer Zeit gehört die Verwendung von Kohle bereits wieder weitgehend der Vergangenheit an. Holz wird als Roh- und Brennstoff zwar weiterhin eine gewisse Rolle

Kapitel 4: Blicke auf den Wald

spielen, aber die heutige Abhängigkeit von diesem Material ist überhaupt nicht mehr mit derjenigen in der Zeit vor fünfzig, hundert oder zweihundert Jahren zu vergleichen.

Einst gab es neben der Holzgewinnung zahlreiche weitere Nutzungen im Waldareal: Grünes Laub wurde geschneitelt, gedörrt und im Winter verfüttert, dürres Laub sammelte man als Einstreu für die Ställe. Viele Wälder wurden das ganze Jahr hindurch beweidet. Im Herbst trieb man die Schweine zur Mast in die Eichenbestände. Dass es unter diesen Umständen Probleme mit dem Jungwuchs gab, ist leicht nachzuvollziehen. Überhaupt war die Grenze zwischen Wald und Offenland fliessend (Gilgen 1999, S. 50 f). Insgesamt litten die Wälder in unserem Kanton bis ins 20. Jahrhundert hinein unter Übernutzung. Die Umtriebszeiten waren wegen des grossen Holzbedarfs immer kürzer geworden. Vor hundert Jahren ermöglichte die Einführung eines geregelten Forstdienstes ein Wegkommen vom planlosen Raubbau (Schmid 1998).

Heute sind vierzig Prozent der Kantonsfläche (inklusive Bezirk Laufen) von Wald bedeckt. Auf diesen Raum werden sehr unterschiedliche Wünsche projiziert. Die Palette der dem Wald zugedachten Funktionen ist nicht kleiner geworden, aber sie hat sich verändert und sieht jetzt wie folgt aus: Schutz vor Naturgewalten, Holzproduktion, Schutz von Pflanzen- und Tierarten und ihren Lebensräumen, Landschaftsschutz und Erholung (vgl. Burnand & Hasspacher 1999, S. 19). Das Kantonale Waldgesetz vom 11. Juni 1998 (Kanton Basel-Landschaft 1998) trägt dieser neuen Pluralität Rechnung. Das Gewicht der einzelnen Funktionen ist je nach Standort verschieden. In gewissen Fällen schliessen sie sich gegenseitig aus. In der Nähe des Siedlungsraums nimmt beispielsweise die Bedeutung für die Erholungsaktivitäten der Bevölkerung laufend zu. Dies kann zu Konflikten mit waldbaulichen Interessen, aber auch mit Naturschutzanliegen, führen. Die Holzproduktion ist vielerorts eher in den Hintergrund gerückt. In den Wäldern unseres Kantons wächst zur Zeit deutlich mehr Holz nach, als geerntet wird.

Die Vorstellung, der Wald sei ein Raum, dessen Gesicht sich kaum verändert, ist noch da und dort anzutreffen. Mit Vergleichsbildern lässt sie sich widerlegen. Zu zeigen sind neben dem verbreiteten Hochwachsen der Bäume auch Veränderungen der Flächenausdehnung des Waldareals. Gleichsam als Begleiterscheinung dieser beiden Phänomene kann die zunehmende «Aussichtslosigkeit» gesehen werden, auf welche ebenso hinzuweisen ist. ●

> «Zur Verhinderung von Übernutzungen der Wälder, wie sie in der Holzknappheit des vergangenen Jahrhunderts auftraten, wurde um die Jahrhundertwende das sogenannte Nachhaltigkeitsprinzip im Forstgesetz verankert. Es besagt, dass die Holznutzung den Holzzuwachs innerhalb eines gewissen Zeitraums nicht ohne besonderen Grund überschreiten darf. Damit wird erreicht, dass auch künftige Generationen keine ‹ausgeplünderten› Wälder vorfinden. In allen Forstbetrieben wird langfristig eine ausgeglichene Verteilung der verschiedenen Entwicklungsstufen angestrebt, so dass jede Altersstufe ungefähr mit dem gleichen Flächenanteil vertreten ist.»

Quelle: Waldwirtschaftsverband beider Basel (1991), S. 12

Entwicklung der Waldfläche

> Kantonaler Waldbegriff (Waldgesetz, § 2):
>
> «Eine bestockte Fläche gilt in der Regel als Wald, wenn sie eine Mindestbreite von 12 m, eine Mindestfläche von 500 m² und bei Einwuchsflächen ein Mindestalter von 20 Jahren aufweist.»
>
> *Quelle: Kanton Basel-Landschaft (1998)*

Befunde zur Grösse der Waldfläche in früheren Jahrhunderten liefert Suter (1926, S. 89). Er belegt, dass sie zwischen 1680 und 1923 im Ergolzgebiet um 31 Prozent zugenommen hat. Ein analoges Ergebnis zeigen Quellenstudien und der Vergleich der Wisenberg-Panoramen von Samuel Birmann und Peter Schmid-Ruosch: 1813 gab es rund ein Drittel (stellenweise die Hälfte) weniger Waldfläche als 1990 (Tanner 1996, S. 30).

Für 1897 wird die Waldfläche auf total 14'503 Hektaren beziffert, 1957 waren es 15'216 Hektaren, also 713 Hektaren mehr (Stoeckle 1959, S. 10). Immer wieder, besonders häufig aber vor 1914, sind Waldflächen durch Neuaufforstungen begründet worden (Stoeckle 1959, S. 168ff). Im Zweiten Weltkrieg wurden aber auch 162 Hektaren Wald zur Gewinnung von Kulturland gerodet. Interessant ist die Tatsache, dass davon nur gerade 79 Hektaren «Wald im Sinne des Forstgesetzes» waren, während 83 Hektaren als «verstaudet (nicht unter Forstgesetz)» bezeichnet werden (Eidgenössisches Meliorationsamt 1947, S. 348). Neben den in den Statistiken erfassten Flächen dürfte es also damals schon beträchtliche Waldareale gegeben haben, welche auf dem Papier noch nicht als Wald galten.

Zwischen 1960 und 1990 werden in den Statistischen Jahrbüchern nurmehr unbedeutende Schwankungen im Total der Waldfläche ausgewiesen. In diese Zeit fallen grössere Arealverschiebungen durch Rodungen und Ersatzaufforstungen (besonders im Zusammenhang mit dem Bau der Autobahn). Es ist zu vermuten, dass gerade auch in den letzten Jahrzehnten die (noch) nicht offiziell als Wald festgestellten Waldflächen eher zugenommen haben. Man denke nur an die Vergrösserung von Feldgehölzen, das «Vorwachsen» von Waldrändern und das «Zuwachsen» von steilen Weiden, Rebbergen und Bahnborden.

Kapitel 4: Blicke auf den Wald

Bild 144 (vgl. Bild 145): Waldflächen, Blauen/Nenzlingen (zwei zusammengesetzte Luftbilder), 2.9.1937

Mit Luftbildern lässt sich besonders deutlich veranschaulichen, dass die Waldfläche nicht unveränderlich, sondern sehr wohl auch Wandlungen unterworfen ist. Das hier gezeigte Beispiel der Landschaft zwischen den Dörfern Blauen (links) und Nenzlingen (rechts) ist absichtlich mehr oder weniger zufällig herausgegriffen worden. (Norden ist oben im Bild.) Auf den anderen in diesem Buch enthaltenen Luftbild-Vergleichspaaren lassen sich problemlos analoge Veränderungen feststellen. Neben der Existenz einer Rodungsfläche (rechts, in der unteren Bildhälfte) fällt vor allem die beträchtliche Vergrösserung des Waldareals auf. Waldlichtungen und Tälchen sind zugewachsen. Orte, welche wegen ihrer Steilheit, ihrer Schattenlage oder ihrer...

Entwicklung der Waldfläche

Bild 145 (vgl. Bild 144):   Waldflächen, Blauen/Nenzlingen (Luftbild), 11.7.1994

...geringen Fläche für eine landwirtschaftliche Nutzung nicht mehr interessant waren, sind zum Teil zunächst verbuscht und dann zu Wald geworden. Stellenweise hat man sie auch aufgeforstet, was an der einheitlichen Höhe und Färbung der Bäume zu erkennen ist. Viele Feldgehölze und Hecken konnten sich ausdehnen, da man sie nicht mehr so oft wie früher zurückschneidet. Auch das Vorwachsen der Waldränder ist an verschiedenen Orten deutlich sichtbar. Interessante Verzahnungen von Wald und Offenland (oben rechts) wurden «bereinigt». Insgesamt wird eine Dynamik ersichtlich, welche erahnen lässt, dass hinter Zahlen zur Waldfläche, wenn sie nicht sehr neu im Feld erhoben worden sind, durchaus beträchtliche Dunkelziffern stehen können.

Kapitel 4: Blicke auf den Wald

Bild 146: Rodung Ramsachacker, Läufelfingen, um 1942

Für die Rodungsaktionen während des Zweiten Weltkriegs waren «...vor allem Auwaldungen, Waldzipfel, Feldgehölze und kleinere Waldparzellen von hiebsreifen und noch wenig verjüngten Beständen, sowie bisher schlecht genutzte Bestände heranzuziehen» (Eidgenössisches Meliorationsamt 1947, S. 30). Die Bäume wurden in rund einem Meter Höhe über dem Boden abgesägt.

Bild 147: Rodung Schweizi, Wittinsburg, um 1942

Über die verlängerten Baumstrünke stülpte man einen Ring, um sodann mit der Seilwinde die Reste der Bäume mitsamt den Wurzelstöcken aus dem Boden zu ziehen.

Während des Zweiten Weltkriegs wurden 162 Hektaren Wald gerodet:

«Die Rodungsaktion wurde im Winter 1941/1942 aufgenommen und innert drei Jahren grösstenteils beendigt. Sie umfasst 64 verschiedene Gebiete, die sich auf 28 Gemeinden verteilen. [...] Die zur Rodung angemeldeten Waldflächen sind jeweils von der kantonalen Ackerbaustelle, dem Kantonsforstamt und dem Vermessungsamt in Verbindung mit den Gemeindevertretern an Ort und Stelle auf ihre Eignung überprüft worden.»

Quelle: Eidg. Meliorationsamt (1947), S. 216

Entwicklung der Waldfläche

Bild 148: Reste eines Weidwalls, Lauwil, 23.7.1996

Weidwälle und -gräben sind Elemente der traditionellen Kulturlandschaft. Wenn sie heute mitten im Waldareal gefunden werden, ist dies ein Hinweis auf Änderungen in der Verteilung Wald/Offenland. Grosse Teile des heutigen Waldareals waren bis ins frühe 19. Jahrhundert als Wald- oder Witweide genutzt.

Bild 149: Fichtenaufforstung, Tecknau, 12.6.1999

Ein Beispiel für die heutige Waldflächen-Dynamik: Magere Wiesenflächen werden nicht selten aufgeforstet. In Fichten-Monokulturen wachsen Weihnachtsbäume oder Nutzholz.

Kapitel 4: Blicke auf den Wald

Bild 150 (vgl. Bild 151): Blick auf Buus, vor 1930

Von einer Wegkrümmung am Ausgang des Wibitals konnte man früher einen schönen Blick auf Buus werfen. Offensichtlich war eine landwirtschaftliche Nutzung des steilen Geländes allzu aufwändig. Heute ist ein Teil des Abhangs mit Fichten bestockt. Die Bäume bilden an prominenter Stelle einen physisch wie auch...

Entwicklung der Waldfläche

Bild 151 (vgl. Bild 150):   Blick auf Buus, 13.7.1995

...für Blicke undurchdringbaren «Stangenacker». Selbstverständlich liegen nicht alle Aufforstungen «quer» in der Landschaft. Das Beispiel zeigt, wie bedeutungsvoll es sein kann, nicht nur Waldrodungen, sondern auch Aufforstungen im Stadium der Planung sorgfältig nach ihren Konsequenzen zu befragen.

Kapitel 4: Blicke auf den Wald

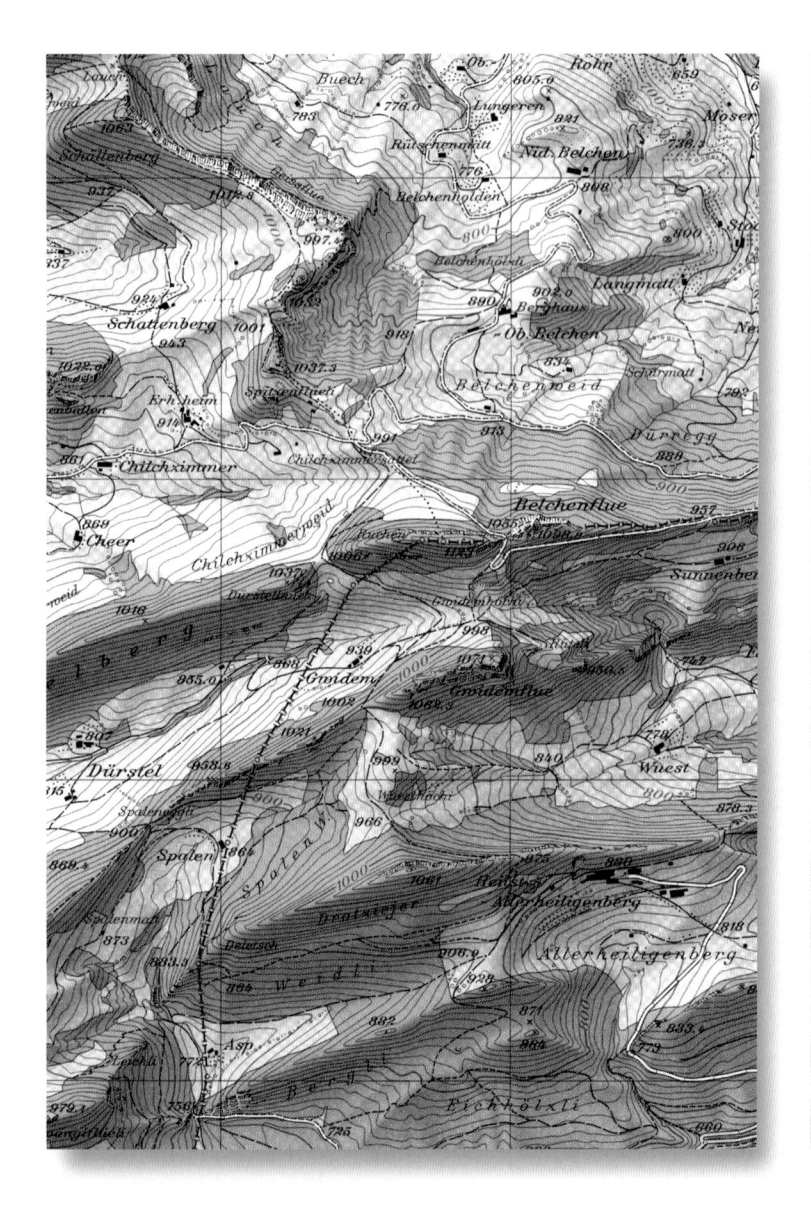

Karte 3 (vgl. Karte 4): Waldareal in der Region um die Belchenflue, Langenbruck/Eptingen, 1955

Im Belchengebiet wurden grosse Landflächen aufgeforstet: ursprünglich als Hochwasser-Schutzmassnahme, später als Ersatz für Rodungen, welche...

Karte 4 (vgl. Karte 3): Waldareal in der Region um die Belchenflue, Langenbruck/Eptingen, 1970

...zum Beispiel in der Muttenzer Hard oder beim Autobahnbau gemacht wurden. Ein Kartenvergleich zeigt die enorme Waldflächen-Zunahme.

Entwicklung der Waldfläche

Bild 152 (vgl. Karten 3 und 4):   Hof Spalen, Langenbruck, 1900

Der (1805 erstmals erwähnte) Hof Spalen stand fernab des Dorfs Langenbruck in einem kleinen Tälchen – an einem einsamen Ort. Die Stadt Olten, als Eigentümerin, hat ihn zwischen 1964 und 1970 abgebrochen und das Kulturland aufgeforstet (Jenni 1992, S. 110).

Veränderungen bei den Umtriebszeiten

Oberförster Albert Frey zählte 1872 in einem Vortrag die in den Baselbieter Wäldern vorkommenden Bestandsformen auf. Die wichtigsten waren der eigentliche Hochwald und die Nieder- und Mittelwälder auf potenziellen Hochwaldstandorten. Letztere waren besonders verbreitet. Frey bezeichnete sie als «nicht zeitgemäss, sondern gemeinschädlich» und forderte eindringlich ihre Umwandlung in Hochwälder (Frey, zit. in Stoeckle 1959, S. 145f). Aus der Sicht des Försters mochte dies berechtigt sein. Gleichsam auf der andern Seite stand aber der harte Alltag mit der Sorge jeder Einwohnerin und jedes Einwohners, für Herd und Ofen genügend Brennstoff beschaffen zu können. Jedes Holzstück, ob Ast oder Wurzelstock, wurde genutzt: Die Mittel- und Niederwaldwirtschaft war nicht eine frei gewählte Wirtschaftsweise, sondern das Ergebnis der grossen, ständig zunehmenden Nachfrage nach Holz.

Auch in späteren Jahren wurde aus Forstkreisen die Aufgabe der Kahlschlagwirtschaft immer wieder gewünscht. Mehrere Jahrzehnte nach dem Einsetzen der Kohleimporte durch die Eisenbahn war man im Baselbiet aber noch immer entfernt von einer nachhaltigen Holznutzung. Die Umtriebszeit – das heisst die Zeit zwischen der Begründung und der Nutzung eines Bestands – ging in vielen Wäldern sogar noch laufend zurück, oft auf weniger als zwanzig Jahre. Mit andern Worten ausgedrückt: Die Bäume waren bei der Ernte immer jünger. Die Entwicklung von Hochwäldern ist aber in erster Linie von längeren Umtriebszeiten abhängig.

1902 waren von den total 14'300 Hektaren des damaligen Waldareals erst 5800 Hektaren mit Hochwald bewachsen (gegenüber 1200 Hektaren mit Niederwald und 7300 Hektaren mit Mittelwald). Oberförster Jakob Müller vom 1899 neu geschaffenen Kantonsforstamt hatte aber bereits zielstrebig eine schonende Bewirtschaftung der Wälder eingeleitet (Stoeckle 1959, S. 146f).

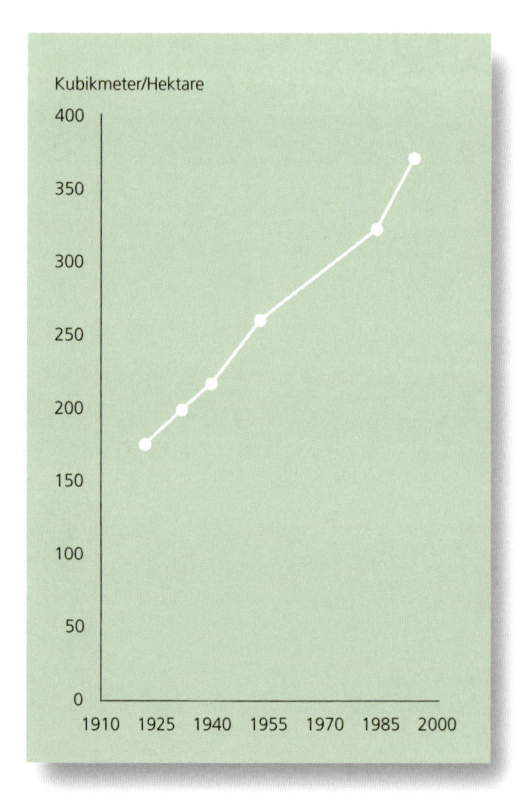

Grafik 16 (vgl. Tabelle 16): Holzvorrat im Kanton Basel-Landschaft

Heute steht in unseren Wäldern so viel Holz, wie es seit Jahrzehnten nie gegeben hat.

Veränderungen bei den Umtriebszeiten

Die Bestände wurden vermessen und Wirtschaftspläne erstellt. Das in der Eidgenössischen Forstgesetzgebung von 1902 verankerte Kahlschlagverbot und das Nachhaltigkeitsprinzip mussten durchgesetzt werden: Die Menge des genutzten Holzes sollte den Zuwachs nicht mehr überschreiten. Mit der Festlegung von Hiebsätzen, welche deutlich unter der jährlich nachwachsenden Holzmenge lagen, konnte der Holzvorrat in den Wäldern kontinuierlich gesteigert werden (vgl. Grafik 16). Und dies war sogar während der beiden Weltkriege möglich, trotz massiver Überschreitungen der geplanten Hiebsätze (Stoeckle 1950, S. 26ff). Als Ziel einer geordneten Waldwirtschaft bezeichnete Stoeckle (1959, S. 135) die Erhöhung des Holzvorrats auf 350 Kubikmeter pro Hektare. Bei diesem Vorrat dürfe die höchstmögliche Holzproduktion erwartet werden. Es sei aber noch ein ziemlich weiter Weg hin zu diesem Ziel. Heute, nur vierzig Jahre später, ist die angestrebte Vorratsmenge schon um mehr als zwanzig Kubikmeter überschritten (Brassel & Brändli 1999, S. 378).
1947 wurden vom Regierungsrat sämtliche Waldungen des Kantons zu Schutzwaldungen erklärt. Dadurch konnten für Aufforstungen im Wald und für die Anlage neuer Wege überall Bundessubventionen bezogen werden. Dies löste denn auch rasch die Verwirklichung zahlreicher Waldwegprojekte aus (Stoeckle 1959, S. 41).

Da Holz als Brennstoff heute nurmehr eine geringe Rolle spielt, ist seine Nutzung an vielen Orten in den Hintergrund getreten. Die Umtriebszeiten dürften sich somit weiter erhöhen. Auch die in vielen Gemeinden neu erstellten Holzschnitzelheizungen ändern vorerst noch nicht viel an dieser Tatsache. Derzeit stehen Forderungen nach mehr Licht im Wald und solche nach Reservatsflächen mit totalem Nutzungsverzicht einander gegenüber. Beide Anliegen haben ihre Berechtigung. Mehr Licht kann nur durch intensive forstliche Eingriffe in den Wald gebracht werden. Zahlreiche licht- und wärmeliebende Tier- und Pflanzenarten lassen sich damit fördern. Sie sind durch das Zuwachsen der Wälder stark benachteiligt worden. Der totale Verzicht auf Nutzung bringt anderen Arten (zum Beispiel den Bewohnern des stehenden Totholzes) längerfristig bessere Lebensbedingungen.

Mit den nachfolgenden Bildern können Belege für den verbreiteten Wandel der Nutzungsintensität geliefert werden. Das Hochwachsen der Wälder äussert sich unter anderem in Veränderungen der Horizontlinien und im Verschwinden von einstmals sichtbaren Bodenpartien. Es sollen aber auch Veränderungen in einzelnen Waldpartien aus der Nähe gezeigt werden. •

Um 1900: In den Gemeindewäldern des Kantons Basel-Landschaft steht einer jährlichen Holznutzung von 37'130 m³ ein Zuwachs von nur 32'540 m³ gegenüber. Somit werden 4590 m³ (oder 14 %) mehr Holz genutzt als nachwachsen.

Quelle: Direktion des Innern Basel-Landschaft (1898), S. 75

Um 1925: «Der gegenwärtige Waldwirtschaftsbetrieb bezweckt in erster Linie, die von den letzten Generationen ausgeraubten Waldungen wieder in Stand zu stellen.»

Quelle: Suter (1926), S. 86

Um 2000: Im Baselbieter Wald wird zur Zeit weniger als die Hälfte des Holzzuwachses genutzt. Der Zuwachs betrug in der Messperiode 1993/95 8,1 m³ pro Hektare und Jahr, die Nutzung 3,7 m³ pro Hektare und Jahr.

Quelle: Brassel & Brändli (1999), S. 382 und 384

Kapitel 4: Blicke auf den Wald

Bild 153 (vgl. Bild 154): Waldenburgertal mit Dielenberg, Rehhag, Humbel, um 1910(?)

Blicke vom Egghübel (Lampenberg) zeigen deutlich, wie einst das Waldareal grossflächig nur mit buschartigem Niederwald bestockt war.

Bild 154 (vgl. Bild 153): Waldenburgertal mit Dielenberg, Rehhag, Humbel, 17.7.1999

Heute dominieren Hochwälder das Bild. Das Hochwachsen der Bäume ist vor allem im Bereich der Waldränder gut erkennbar.

Veränderungen bei den Umtriebszeiten

Bild 155 (vgl. Bild 156): Aussichtsturm und Niederwald, Wisenberg, Häfelfingen, 1927

Der Aussichtsturm auf dem Wisenberg zeigt – wie ein Massstab – die Entwicklung des umliegenden Waldes vom Nieder- zu einem Hochwald. 1927 genügte eine neun Meter hohe Betonkonstruktion, um den...

Bild 156 (vgl. Bild 155): Aussichtsturm und Hochwald, Wisenberg, Häfelfingen, um 1990

...eindrücklichen Rundblick über die Baumkronen hinweg freizugeben. 1953 musste der Turm um sechs und 1987 um weitere neuneinhalb Meter aufgestockt werden (Wunderlin 1991, S. 29ff).

Kapitel 4: Blicke auf den Wald

Bild 157 (vgl. Bild 158):   Niederwald bei der Homburg, Läufelfingen, vor 1930

Das Tälchen südlich der Ruine Homburg wurde als Niederwald genutzt. Dies bedeutete, dass in kurzen Zeitabständen Flächen kahlgeschlagen wurden. Die oft nicht viel mehr als armdicken Stämmchen dienten vorwiegend als Brennholz. Die Erneuerung der Bestände geschah durch Stockausschlag, also...

Veränderungen bei den Umtriebszeiten

Bild 158 (vgl. Bild 157):   Hochwald bei der Homburg, Läufelfingen, 14.3.1999

...vegetativ. Auf Bild 157 ist deutlich zu sehen, dass jeweils mehrere Bäume aus einem Stock wachsen. Durch Verlängerung der Umtriebszeit wurde der Nieder- in einen Hochwald übergeführt. Mit gezielten Durchforstungen wurden die ehemaligen Stockausschläge auf je einen Stamm pro Stock reduziert.

Kapitel 4: Blicke auf den Wald

Bild 159 (vgl. Bild 160):   Schauenburgflue, Frenkendorf, um 1940(?)

Wenn man die Zeichnungen eines Emanuel Büchel (zum Beispiel in Bruckner 1748-1763) betrachtet, fällt auf, wie sehr er die Felswände als markante Klötze darstellt. Oft sind sie – wie auch die Burgen – überdimensioniert in die Landschaft hineingepflanzt. Dieses Bildpaar lässt erahnen, wie es dazu gekommen ist: Von weit her sichtbar überragt die Schauenburgflue den umgebenden Wald. Zahlreiche andere Felswände waren...

Veränderungen bei den Umtriebszeiten

Bild 160 (vgl. Bild 159):   Schauenburgflue, Frenkendorf, 3.6.1999

...ebenso deutliche Merkpunkte. Nicht von ungefähr heisst es im Baselbieterlied «Und über alles use luegt mängi Felsewand». Mit dem Hochwachsen des Walds sind viele Felspartien aus dem Blickfeld verschwunden. Auch die Schauenburgflue «ertrinkt» allmählich im Wald. Um dies zeigen zu können, müssen die Standorte der Fotografen absolut übereinstimmen. (Man beachte die beiden Kirschbäume im Vordergrund.)

Kapitel 4: Blicke auf den Wald

Bild 161: ausgewachsene Stockausschläge, Dürstelberg, Langenbruck, 31.3.1997

Lange wurde im Baselbiet keine Niederwald-Bewirtschaftung mehr gemacht. An schlechtwüchsigen Standorten sind aber heute noch da und dort Flächen mit auswachsendem ehemaligem Niederwald zu finden. In jüngster Zeit laufen Bestrebungen, diese Betriebsart wieder stellenweise einzuführen. Damit können licht- und wärmeliebende Tier- und Pflanzenarten im Wald gefördert werden.

Bild 162: stehendes Totholz, Waldenburg, 30.5.1987

Zur Förderung einer möglichst grossen biologischen Vielfalt braucht es in unseren Wäldern neben liegendem stehendes und neben dünnem auch dickes Totholz. Nur bei langen Umtriebszeiten können derart schöne «Spechtbäume» wie der abgebildete entstehen. Wichtig sind auch grössere zusammenhängende Gebiete, in welchen auf Holznutzung überhaupt verzichtet wird (Altholzflächen). Totholz war bis nach dem Zweiten Weltkrieg eine absolute Mangelware in den Wäldern, da das Dürrholz fein säuberlich gesammelt wurde. Heute werden bei jeder Holzernte grosse «Abfallmengen» produziert – liegendes Totholz von morgen.

Veränderungen bei den Umtriebszeiten

Bild 163: Blick auf eine Föhren- und Lärchenpflanzung, Liestal, 16.11.1986

Heute wird zur Verjüngung der Wälder in unserer Region meist das Prinzip des Femelschlags praktiziert. Dabei werden jeweils schrittweise auf kleinen Flächen die Bäume der Oberschicht geschlagen, um Licht für die Naturverjüngung zu schaffen. Dort, wo am Boden junge Bäume fehlen, werden Kahlschläge und danach Pflanzungen durchgeführt. Für das spätere Waldbild ist es wesentlich, ob dabei Mono- oder Mischkulturen angelegt und ob einheimische oder fremde Baumarten (bis hin zu Thuja) angepflanzt werden.

Karte 5 (vgl. Karte 6): Waldwege, Ränggen, v.a. Diegten/Eptingen, 1955

Nicht nur im Landwirtschaftsgebiet, auch im Wald wurde das Wegnetz stark ausgebaut. Der Kartenvergleich zeigt es an einem zufällig gewählten Beispiel. Während in den einstigen Nieder- und Mittelwäldern vorwiegend leichtes Brennholz anfiel, welches auch auf einfachen Wegen transportiert werden konnte, werden in den...

Karte 6 (vgl. Karte 5): Waldwege, Ränggen, v.a. Diegten/Eptingen, 1994

...heutigen Hochwäldern zahlreiche schwere Stämme geerntet, welche für den Abtransport gut ausgebaute «Waldstrassen» erfordern. Zusätzlich haben selbstverständlich die Rationalisierungsmassnahmen bei der Holzernte den Wegbau stark gefördert.

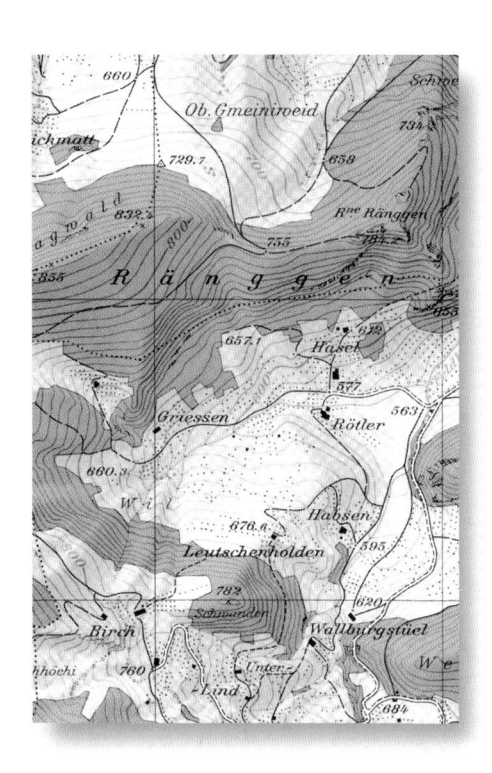

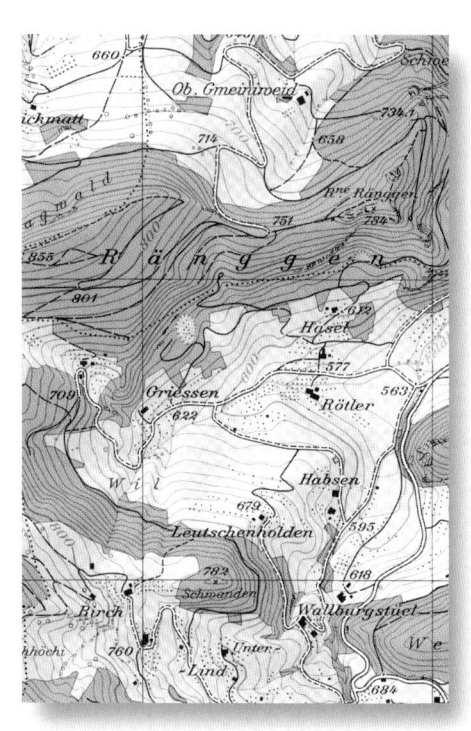

Kapitel 4: Blicke auf den Wald

Bild 164: Holzschlag zur Förderung von licht- und wärmeliebenden Tier- und Pflanzenarten, Lauwil, 8.8.1998

Der Wald ist Lebensraum für zahlreiche Tier- und Pflanzenarten. Durch die Veränderungen der Betriebsart (vom Nieder- und Mittel- zum Hochwald) sind für viele Arten geänderte Lebensbedingungen entstanden. Um besonders licht- und wärmeliebenden Arten – zum Beispiel Reptilien – Lebensraum (zurück) zu geben, werden deshalb heute gezielt intensive Holzschläge durchgeführt (siehe linke Bildhälfte).

Die zunehmende «Aussichtslosigkeit»

> Eptingen: «Im Sommer wallt jung und alt an Nachmittagen schöner Sonntage auf die Berge. Die Jugend lässt da fröhliche Lieder erschallen und erfreut sich an lustigen Spielen. Die ältern Leute setzen sich gruppenweise zusammen, theilen sich gegenseitig die Tagesneuigkeiten mit und besprechen sich über das Wohl der Gemeinde und ihrer Familien; dabei lassen sie ihre Blicke in die Ferne schweifen und erfreuen sich an Gottes schöner Natur. Am Abend geht es singend und jauchzend dem Dörfchen zu, und nach dem Abendtrunke wiederhallt dasselbe von den Gesängen der lustwandelnden Jugend, bis die Betglocke zur Ruhe mahnt.»
>
> *Quelle: Düblin (1863), S. 147*

Als wir für die Fotowiederholungen im Feld die Standorte der alten Fotografen suchten, geschah es nicht selten, dass wir zuletzt an Aussichtspunkten standen. Diese Feststellung tönt wenig aufregend, leuchtet es doch sofort ein, dass man Landschaft dort festhielt, wo sie sich besonders eindrücklich zeigte. Es ist auch nicht weiter verwunderlich, dass der Blick von solchen Stellen oft in mehreren Bildern überliefert ist.

Interessant sind aber die Beobachtungen über den heutigen Zustand dieser besonderen Orte: Einige wenige sind gut ausgebaut mit Grillplätzen, vielleicht Aussichtsturm und Restaurant. Sehr viele ehemalige Aussichtspunkte gibt es jedoch nicht mehr, denn das, was sie einst auszeichnete, die Aussicht, ist verloren gegangen. Die prominente Lage auf einem Hügel oder einer Felsnase und nicht selten Reste einer ehemaligen Infrastruktur (Ruhebänke) sind noch zu sehen, aber nicht mehr die Landschaft zu Füssen.

Dies hängt zweifelsfrei mit dem Hochwachsen der Bäume zusammen. Zwar könnte man diese regelmässig entfernen (an gewissen Orten wird es auch getan), wenn einem die Erhaltung der Aussicht noch wichtig wäre. Anscheinend fehlt aber gerade dieser Impetus. Bei genauem Hinsehen sind es denn auch wenig spektakuläre, kleine Stellen, die nicht mehr unterhalten werden. In einer Zeit, in welcher sowohl Ferien als auch Autos nicht oder kaum bekannt waren, suchte man an schönen Sonntagen genau diese Orte ganz in der Nähe auf. Es gab somit ein feines Netz von solchen Punkten.

Natürlich gibt es auch zahlreiche Möglichkeiten, Aussicht vom Wegrand aus zu geniessen. Wer regelmässig draussen arbeitete – und wer tat das nicht? –, hatte sie immer wieder vor den Augen. Man kannte jede Geländekammer mit ihren Flurnamen und den Eigenheiten, welche für ihre Bewirtschaftung relevant waren. Landschaftswahrnehmung war so gleichsam ein in den Tagesab-

Kapitel 4: Blicke auf den Wald

Bild 165: Ruhebank ohne Aussicht, Chastelenflue, Arboldswil, 14.6.1996

Die Pflege von lokal bedeutenden Aussichtspunkten lässt an vielen Orten zu wünschen übrig. Zwar sind oft noch Reste einer früheren Infrastruktur anzutreffen, aber die Aussicht ist verloren gegangen.

lauf integrierter Prozess. Heute bleibt das Erleben von Landschaft für die meisten Leute aus dem Arbeitsalltag ausgeklammert.

Unbestritten gehört das Aufsuchen von Aussichtspunkten auch heute noch zu den Erholungsaktivitäten. Aber es sind die paar bekannten, regional bedeutenden Stellen, in deren Nähe wir fahren. Und werfen wir dann, oben angekommen, unsere Blicke auf die Landschaft, bleiben wir Betrachter eines uns fremden Gebildes. Wir orientieren uns vielleicht an Teilen (zum Beispiel Linien, vgl. Kapitel 3), aber das Ganze verstehen wir nicht.

Es sieht danach aus, dass das Verschwinden (der Pflege) der kleinen Aussichtspunkte ein Symptom der uns abhanden gekommenen Fähigkeit zur Landschaftswahrnehmung ist (vgl. Tanner 1997, S. 55f). Fotovergleiche führen uns auf die Spur dieses Phänomens.

Die zunehmende «Aussichtslosigkeit»

Bild 166 (vgl. Bild 167): Blick von der Ruine Pfeffingen, um 1940(?)

Von der Ruine Pfeffingen konnte man beschauliche Blicke über das Dorf Pfeffingen und in die Gegend des Schlatthofs werfen.

Bild 167 (vgl. Bild 166): Blick von der Ruine Pfeffingen, 21.7.1995

Heute ist dieser Blick eingeschränkt. Immerhin gibt es noch einige Stellen auf der Burg, welche Fernsicht gewähren.

Kapitel 4: Blicke auf den Wald

Bild 168 (vgl. Bild 169): Blick von der Gillenflue auf Reigoldswil, vor 1940(?)

Von diesem Aussichtspunkt wurden zu verschiedenen Zeiten Postkartenbilder aufgenommen. Es ist einer der Orte, welche hauptsächlich von den «Einheimischen» aufgesucht wurden. Mit dem Hochwachsen des Walds ist auch die Aussicht zugewachsen. So etwas...

Bild 169 (vgl. Bild 168): Blick von der Gillenflue auf Reigoldswil, 20.7.1995

...hätte sich Huber (1863, S. 437) nicht vorstellen können. Er schreibt für Reigoldswil: «...hingegen hat der Holzreichthum in bedenklicher Weise abgenommen, und wenn die Waldungen fortwährend so streng gelichtet werden, wie seit ungefähr 30 Jahren, so ist zu besorgen, dass die Berge in der Zukunft ganz kahl dastehen werden.» (Zur Wiederholung des alten Bilds hätten wir ein wenig weiter rechts stehen müssen, aber dort waren nur noch Äste zu sehen.)

Die zunehmende «Aussichtslosigkeit»

Bild 170 (vgl. Bild 171):   Blick vom Munzachberg auf Liestal, vor 1934

Es stellen sich nicht einfach zu beantwortende Fragen: Werden Menschen, welche häufig – während der Arbeit oder in der Freizeit – Fernsicht geniessen, «weitsichtiger»...

Bild 171 (vgl. Bild 170):   Blick vom Munzachberg auf Liestal, 4.2.1990

...als andere, wird ihr «Horizont» erweitert? Zeigen sie mehr «Weitblick» beim Fällen von Entscheidungen?

Kapitel 4: Blicke auf den Wald

Bild 172 (vgl. Bild 173):
Blick auf Buckten, um 1940(?)

Dieser Aussichtspunkt war immerhin so bekannt, dass er von einem Postkarten-Fotografen aufgesucht wurde. Auch hier zeigt sich...

Bild 173 (vgl. Bild 172):
Blick auf Buckten, 1.3.1995

...das inzwischen vertraute Bild: Es wird zugelassen, dass der Wald die Aussicht verdeckt. Ist der ungehinderte Blick auf das Dorf heute nichts mehr wert?

Die zunehmende «Aussichtslosigkeit»

**Bild 174 (vgl. Bild 175):
Ruhebank, Liestal, 1911**

Eine Ruhebank stand leicht erhöht am Rand des Städtchens. Es war kein spektakulärer Ort, aber ein Ort, an welchem man beschauliche Feierabend-Stunden verbringen konnte.

**Bild 175 (vgl. Bild 174):
Ruhebank, Liestal, 8.1.1996**

Heute ist der Weg zu einer Strasse verbreitert. Bäume und Häuser verstellen den vertrauten Mittelgrund. Auch im Siedlungsraum ist also das Phänomen der verschwindenden Aussicht zu beobachten. Noch steht eine Bank, quasi aus Gewohnheit, fast am alten Platz. Man wollte den Leuten ja nicht plötzlich etwas wegnehmen. Aber käme heute noch jemand auf die Idee, ausgerechnet hier eine Bank hinzustellen? (Und wer möchte sich hier noch ausruhen?)

Kapitel 5

Blicke auf den Siedlungsraum

Das Gesicht des Siedlungsraums hat vor allem nach dem Zweiten Weltkrieg im ganzen Kanton einschneidende Veränderungen erfahren. Am meisten geprägt wurde es durch das starke Bevölkerungswachstum mit seinen Folgeerscheinungen. Vor dem Krieg hatte die Bevölkerung in moderaten Schritten zugenommen. Zwischen 1950 und 1970 kam es dann zu einer explosionsartigen Entwicklung der Einwohnerzahlen. Danach leitete der «Pillenknick» ein gebremstes Wachstum auf einer höheren Stufe ein. Dieses dauert bis heute an. Die Zunahme hat vor allem in den stadtnahen Gemeinden im Bezirk Arlesheim zu Buche geschlagen (vgl. Grafik 17). Sie äussert sich optisch im Wachsen der überbauten Flächen. Grössere Einfamilienhausquartiere sind inzwischen ausnahmslos auch in allen von der Stadt weiter entfernten Gemeinden entstanden. Eine wichtige Rolle spielen dabei die Erschliessung durch Strassen und Verbesserungen beim öffentlichen Verkehr. Diese Vorgänge sind

Kapitel 5: Blicke auf den Siedlungsraum

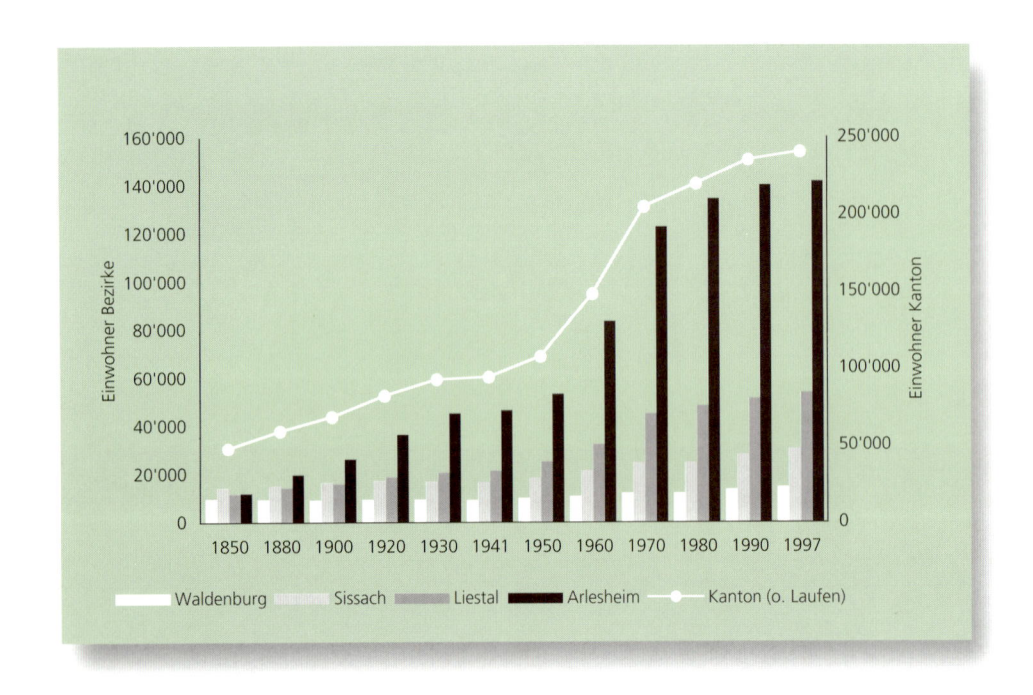

Grafik 17 (vgl. Tabelle 17): Einwohnerzahl im Kanton Basel-Landschaft und in seinen Bezirken

Der stadtnahe Bezirk Arlesheim hat bereits in den ersten Jahrzehnten des 20. Jahrhunderts und dann wieder nach dem Zweiten Weltkrieg grosse Wachstumsschübe erlebt. Im mittleren und im oberen Kantonsteil setzt das grosse Wachsen erst nach dem Krieg ein.

Grafik 18 (vgl. Tabelle 18): Steuerertrag im Kanton Basel-Landschaft (indexiert)

1995 wurden pro Person (indexiert auf 1930) durchschnittlich 14-mal mehr Staatssteuern erhoben als 1930. Der enormen Zunahme der Einnahmen steht eine – in der Grafik nicht dargestellte – grosse Zunahme auf der Ausgabenseite gegenüber.

bereits hinreichend beschrieben (zum Beispiel in den Heimatkunden einzelner Gemeinden). Mit Vergleichsbildern lässt sich ihr Ausmass zeigen.

Die frühen Fotografien wurden mehrheitlich im Siedlungsraum angefertigt, weniger im Landwirtschaftsgebiet oder im Wald. Dadurch ist es in diesem Kapitel möglich, da und dort auch Blicke auf Veränderungen in kleinen und kleinsten Bereichen im Innern der Ortschaften zu werfen. Da zeigen sich dann Auswirkungen einer Entwicklung, welche man gemeinhin als «Wachstum des Wohlstands» bezeichnet. Ein Indikator dafür sind die Steuereinnahmen des Kantons. In Grafik 18 werden sie dargestellt. Die Werte sind indexiert auf 1930. Sie zeigen (dennoch) eine enorme Zunahme. Mehr Geldeinnahmen lösen mehr Ausgaben aus: Im Infrastrukturbereich, aber auch für die Verwaltung, wendet der Staat immer mehr Mittel auf. Dieselbe Entwicklung ist in jeder einzelnen Gemeinde zu beobachten. Dazu kommt, dass viele Steuerzahler auch im Privatbereich Investitionen tätigen. Die Dörfer erscheinen heute so «herausgeputzt» wie noch nie.

Aus den geschilderten Wachstumsphänomenen ergeben sich Probleme für Natur und Landschaft. Ewald hat bereits 1982 darauf aufmerksam gemacht.

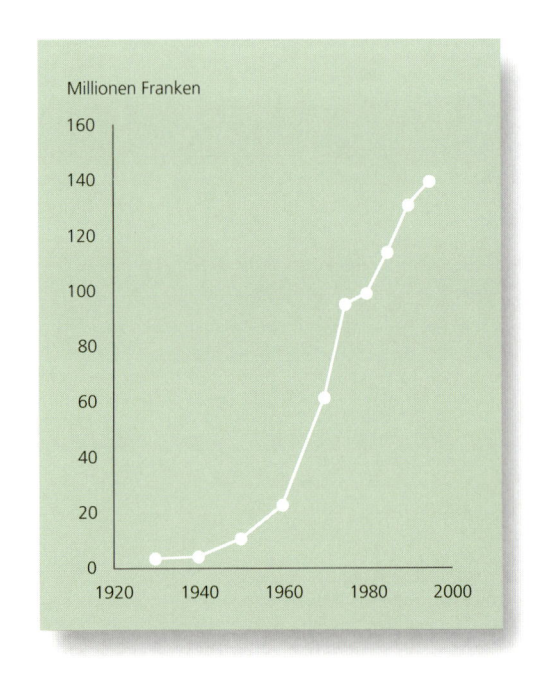

Vom eingebetteten Dorf zur Streusiedlung

Grafik 19 (vgl. Tabellen 19a und 19b): Anzahl bewohnter Gebäude und Personen pro Haushalt im Kanton Basel-Landschaft

In der Landschaft sichtbar ist die Zunahme der Gebäude. Unsichtbar bleibt aber, dass immer weniger Leute in diesen Bauten wohnen. Jede Person beansprucht also immer mehr Platz.

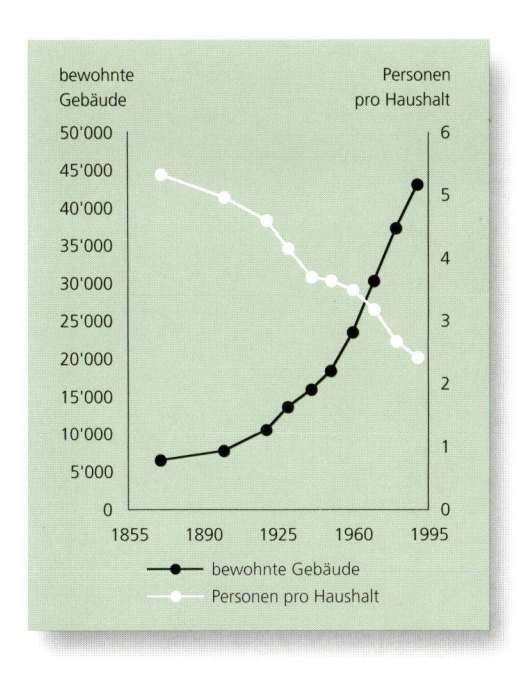

Die vor der Mitte des 19. Jahrhunderts einsetzende Industrialisierung liess in Basel die Bevölkerung stark anwachsen. Akute Platzprobleme führten 1859 zu einem Gesetz über die Erweiterung der Stadt. Rasch wurden in der Folge die alten Befestigungsanlagen geschleift und vor den Toren grosse neue Quartiere geplant und in mehreren Phasen verwirklicht. Bereits vor 1940 erreichten die Baugebiete an verschiedenen Stellen die Kantonsgrenze (Muggli, Heim & Falter 1989, S. 8.4f), und in den stadtnahen Gemeinden des Baselbiets lösten neue Industriestandorte eine rege Bautätigkeit aus. Nach dem Zweiten Weltkrieg bewirkte das beschleunigte Wachstum von Industrie und Bevölkerung im Landkanton eine erhebliche Vergrösserung der Siedlungsfläche. In den Tälern entwickelten sich, ausgehend von der Stadt, breite Siedlungsbänder; die ehemals getrennten Ortschaften wuchsen zusammen. Auch die Dörfer in den Hanglagen und auf den Hochebenen erhielten ausgedehnte neue Quartiere. Darin gibt es eine grosse Vielfalt an Architekturstilen. Die Regellosigkeit ist innerhalb der neu überbauten Gebiete das einzige verbindende Element. Die Kontraste zu den alten Dorfkernen sind gross.

Mit der Einweisung der Landflächen in eng umschriebene Zonen hat die Raumplanung eine geordnete Nutzung des Bodens erwirkt, was sehr wichtig ist. Heute zeigen sich aber auch problematische Seiten der Planung: In zahlreichen Gemeinden sind die Bauzonen mehr oder weniger konzentrisch um den alten Siedlungskern herum gelegt worden. Dies hat dazu geführt, dass die reich gegliederten Areale der Bünten und Baumgärten an vielen Orten fast vollständig verschwunden sind – eine Entwicklung, welche im voraus zu wenig bedacht worden ist.

Heute entstehen andauernd neue Siedlungsteile auf vormals landwirtschaftlich genutztem Boden. Dieser Vorgang dürfte denn auch die am häufigsten

Kapitel 5: Blicke auf den Siedlungsraum

von breiten Bevölkerungskreisen wahrgenommene Landschaftsveränderung sein. Ihre Stadien können besonders gut mit Bildvergleichen gezeigt werden. Im Hintergrund der sichtbaren Veränderungen haben sich unsichtbare gesellschaftliche Wandlungen vollzogen: Die einzelnen Haushalte wurden immer kleiner (vgl. Grafik 19). Die Bevölkerung in einer Gemeinde des Unterbaselbiets ist von ihrer Herkunft, ihren Wurzeln her viel heterogener zusammengemischt als diejenige eines Oberbaselbieter Dorfs (vgl. Grafiken 20 und 21). Es gibt unsichtbare Spannungen oder aber bereichernde Kontakte zwischen

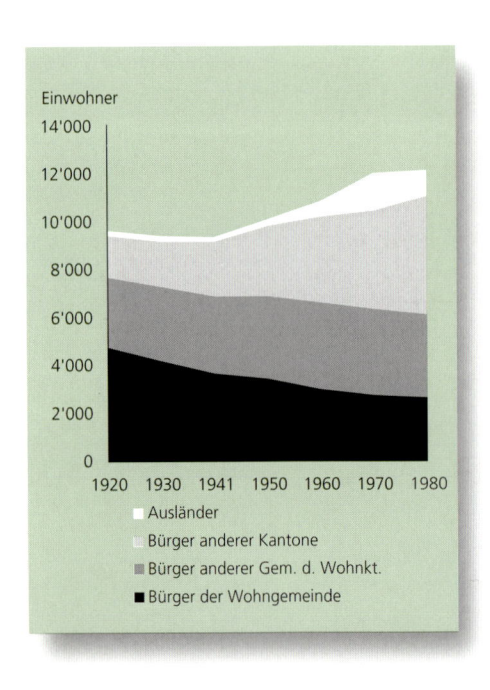

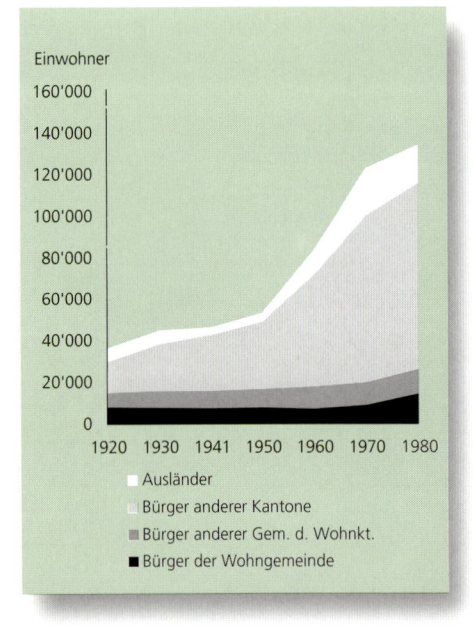

Grafik 20 (links; vgl. Tabelle 20):
Anzahl Einwohner nach Heimatort im Bezirk Waldenburg

Grafik 21 (rechts; vgl. Tabelle 21):
Anzahl Einwohner nach Heimatort im Bezirk Arlesheim

Die Industriebetriebe der Stadt haben besonders aus andern Kantonen Arbeitskräfte angezogen, und diese suchten sich im stadtnahen Umland ihre Wohnsitze. Dadurch hat sich die gesellschaftliche Struktur im Bezirk Arlesheim rasch einschneidend verändert; viel Wissen über Land und Leute ging verloren. Die Bevölkerung in den ländlichen Gemeinden des Oberbaselbiets ist dagegen bis in die jüngste Zeit von ihrer Herkunft her noch deutlich «ursprünglicher» zusammengesetzt.

Alteingesessenen und Neuzuzügern. Einschneidend war die Umstrukturierung des Arbeitslebens. Oberer (1987) weist auf das Problem der Vereinzelung der Menschen hin.

Vom eingebetteten Dorf zur Streusiedlung

Bild 176 (vgl. Bild 177): beginnende Überbauung der Rheinebene, Pratteln (Luftbild), 7.9.1937

Der stadtnahe Raum «im Aufbruch»: In der Rheinebene ist reichlich Platz vorhanden. Intensives Bauen hat Teile davon schon beansprucht. Im Bereich um den Bahnhof herum sind auf grossen Flächen neue Wohn- und Industriequartiere entstanden. In den weiter von der Bahn entfernten Gebieten (oben im Bild) wird noch traditionelle Landwirtschaft betrieben. (Norden ist auf dem Bild oben.)

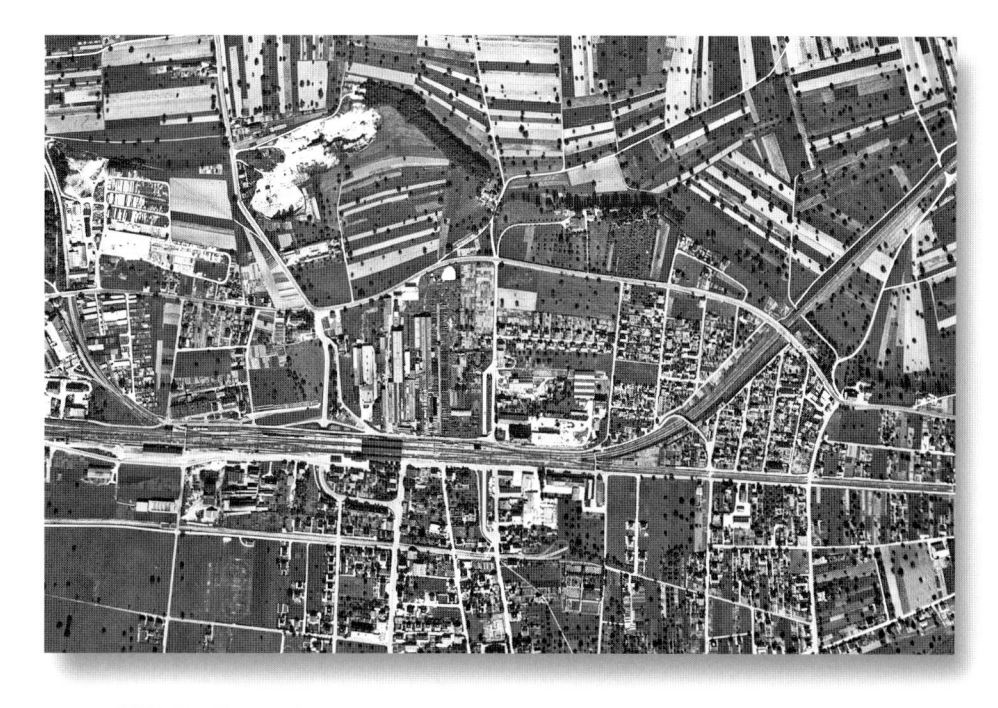

Bild 177 (vgl. Bild 176): Überbauung der Rheinebene, Pratteln (Luftbild), 26.7.1994

In wenigen Jahrzehnten sind die Landflächen weitgehend «zugebaut» worden. Oben im Bild sind noch landwirtschaftlich genutzte Flächen zu sehen, welche als Bodenreserve dienen. Ein Vergleich mit Bild 176 zeigt, dass schon in den Dreissigerjahren, also lange vor dem Beginn der staatlichen Raumplanung, die Weichen dafür gestellt waren, welche Gebiete für Industrie- und welche für Wohnbauten genutzt werden sollen (vgl. Muggli, Heim & Falter 1989, S. 13.12ff).

Kapitel 5: Blicke auf den Siedlungsraum

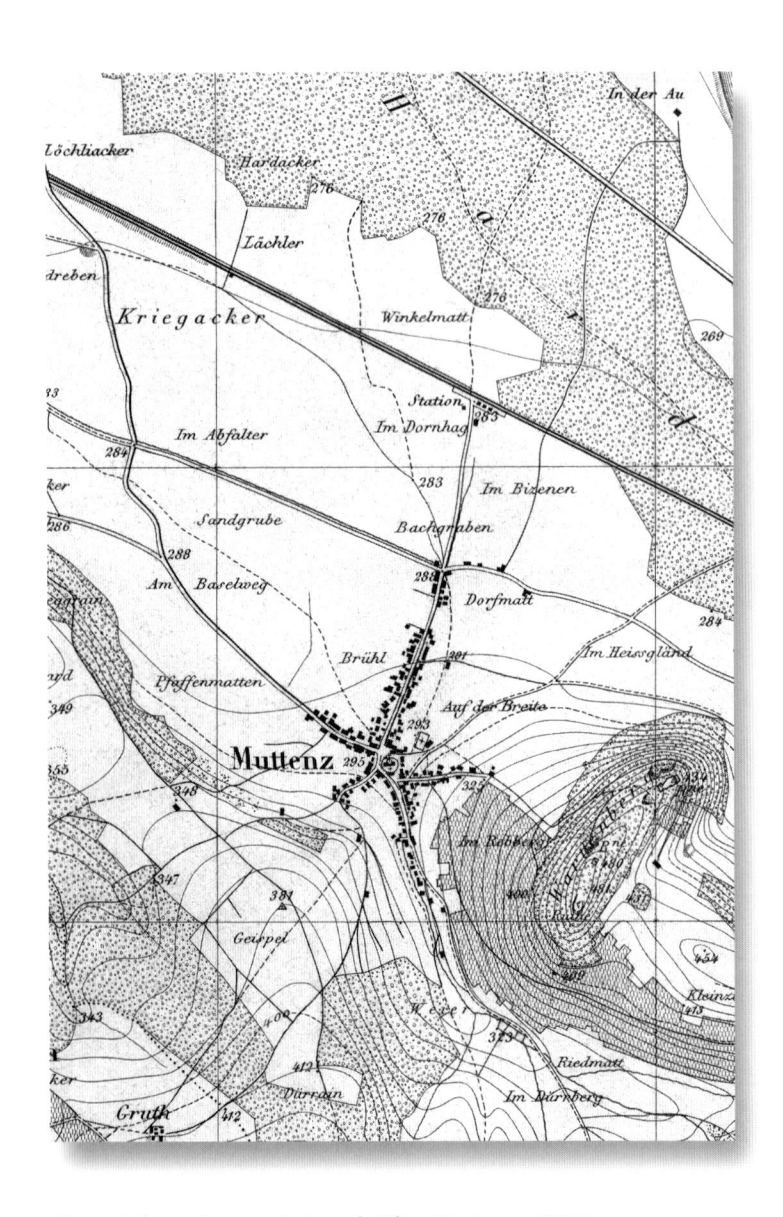

Karte 7 (vgl. Karten 8, 9 und 10): Muttenz, 1879

Die Landschaftsveränderungen in der Gemeinde Muttenz sind schon von verschiedenen Autoren dargestellt worden (zum Beispiel von Leu-Repo 1989, S. 114ff). Der Vergleich von Karten illustriert, wie sich der Verstädterungsprozess in dem vor den Toren der Stadt Basel...

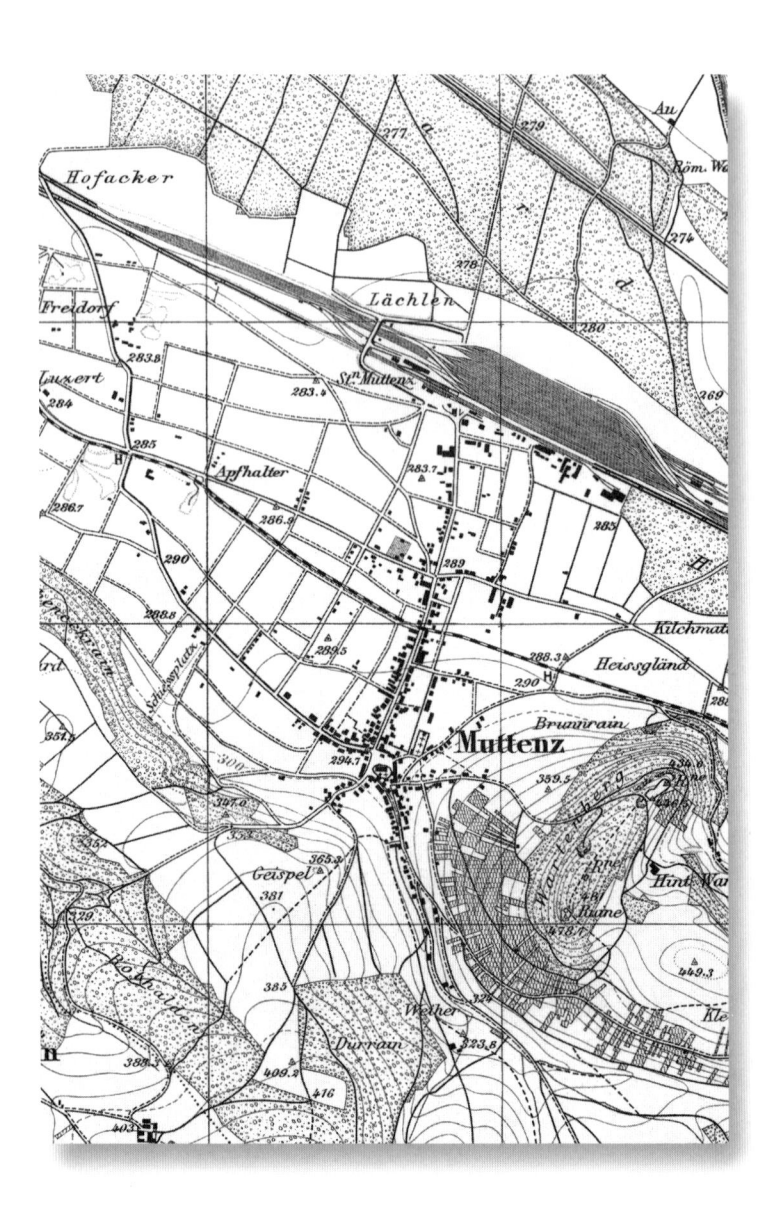

Karte 8 (vgl. Karten 7, 9 und 10): Muttenz, 1928

...gelegenen Bauerndorf vollzog. Ab 1854 durch die Eisenbahn und ab 1921 durch die Trambahn war die Gemeinde von der Stadt Basel aus plötzlich rasch und problemlos erreichbar. Bereits in den ersten Jahrzehnten des 20. Jahrhunderts setzte das Bauen ein. Zunächst...

Vom eingebetteten Dorf zur Streusiedlung

Karte 9 (vgl. Karten 7, 8 und 10):   Muttenz, 1956

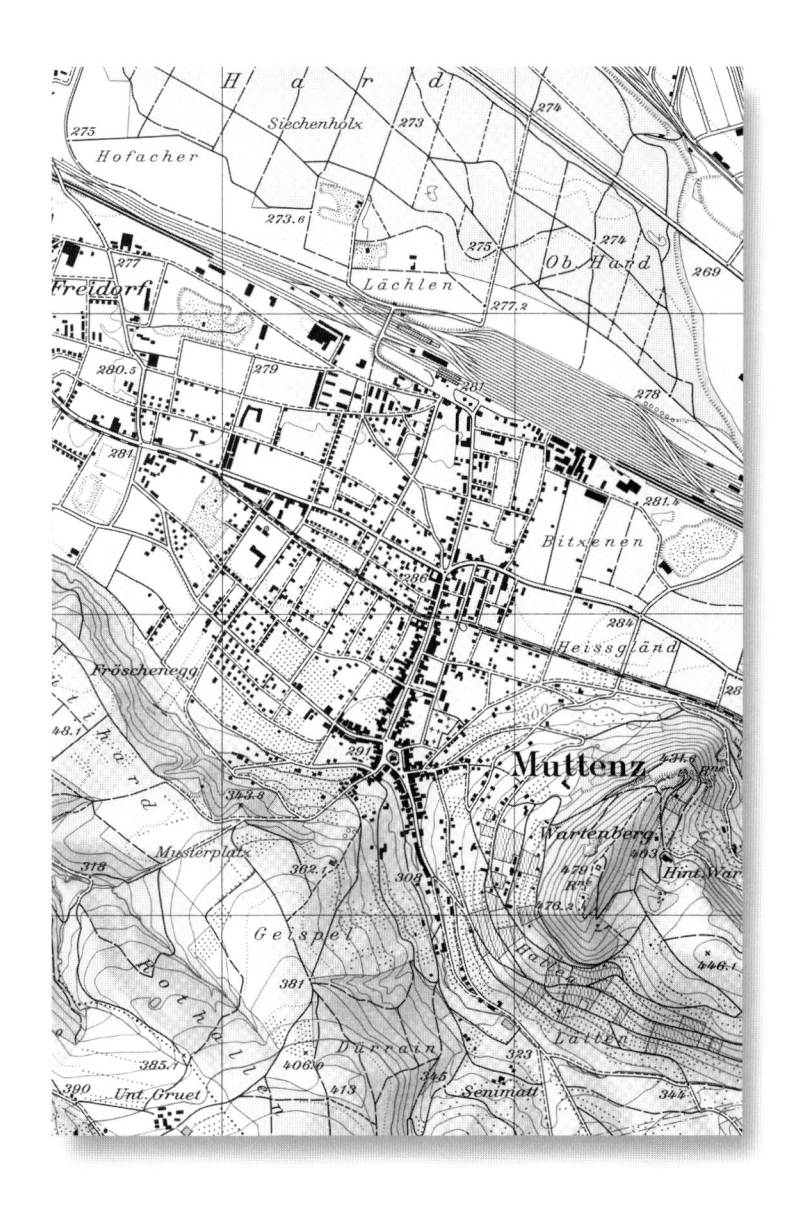

...wurde das Dorf gegen den Bahnhof zu erweitert. Die Zukunft wurde offenbar deutlich vorausgesehen, denn bereits 1928 war das Netz der Quartierstrassen weitgehend in der heute noch vorliegenden Form konzipiert (Karte 8) – unter anderem ein Ergebnis von...

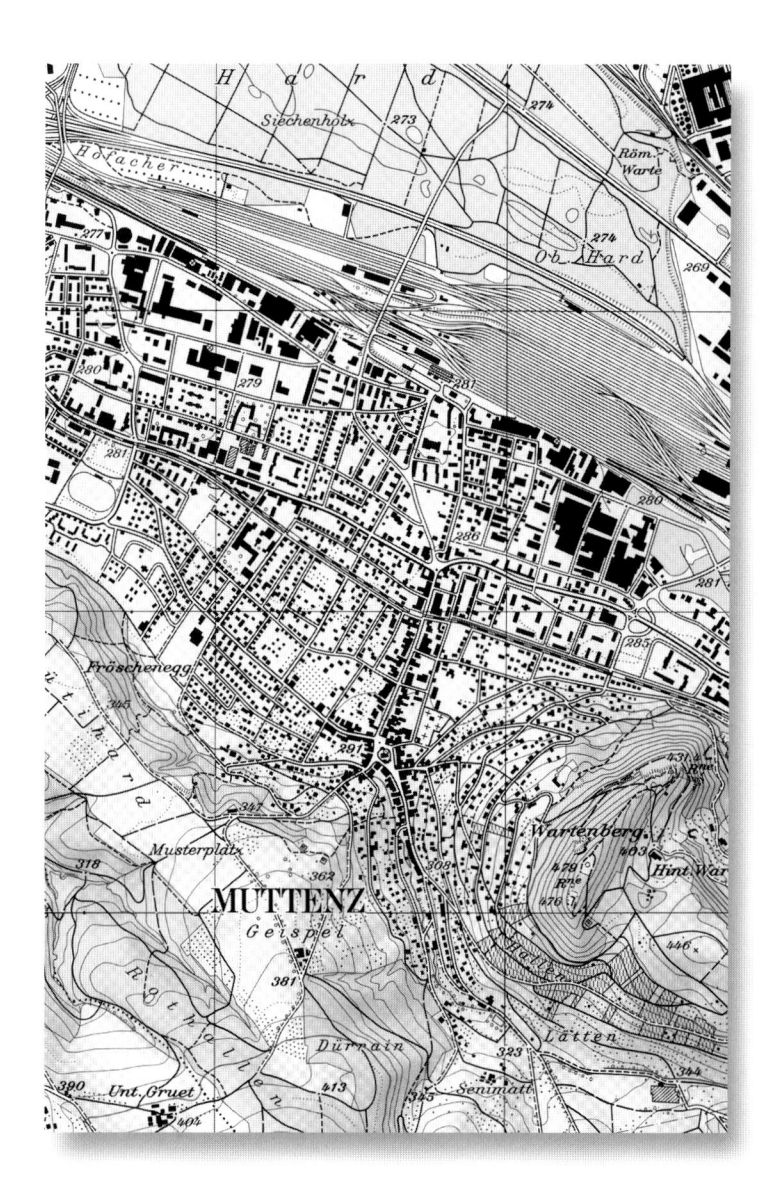

Karte 10 (vgl. Karten 7, 8 und 9):   Muttenz, 1994

...mehreren Güterzusammenlegungen. Als «Vorläufer» der Überbauung wurden mehrere Kiesgruben angelegt (Karte 9). Heute ist die Ebene im Grossen und Ganzen überbaut. Mit verdichtetem Bauen können gewisse Landflächen noch besser genutzt werden.

Kapitel 5: Blicke auf den Siedlungsraum

Bild 178 (vgl. Bilder 179 und 180):   Muttenz, vor 1900

Die Ergebnisse der Kartenvergleiche können mit Fotovergleichen untermauert werden. Vor der Jahrhundertwende (das 1900 erbaute Schulhaus Breite fehlt auf dem Bild noch) präsentierte sich die Gemeinde als weitgehend intaktes Bauerndorf mit Miststöcken und einem offenen Dorfbach.

Vom eingebetteten Dorf zur Streusiedlung

Bild 179 (vgl. Bilder 178 und 180):   Muttenz, um 1925

Der bäuerliche Charakter des Dorfs ist noch erhalten. Der Bach wurde ab 1911 eingedolt. «Dafür» gibt es jetzt eine Allee. Zerstreut sind da und dort im Landwirtschaftsland Wohn- und Industriebauten entstanden.

Bild 180 (vgl. Bilder 178 und 179):   Muttenz, 16.7.1999

Im Ortskern ist zwar äusserlich die alte Bausubstanz weitgehend erhalten geblieben. Längst ist aber die Landwirtschaft verschwunden. Die Ebene gehört vollständig den Industrie- und Wohnbauten.

Kapitel 5: Blicke auf den Siedlungsraum

Bild 181 (vgl. Bild 182): Oberwil, vor 1955

Weit ausserhalb des alten Dorfs (von welchem einige Dächer rechts im Bild zu sehen sind) wurden Wohnbauten erstellt. Zwischen den Häusern lagen noch grössere landwirtschaftlich genutzte Flächen. Diese ungeordnete Art des Siedlungswachstums fand in den ersten Jahrzehnten des 20. Jahrhunderts in allen stadtnahen Gemeinden und in den Orten mit Zentrumsfunktion...

Vom eingebetteten Dorf zur Streusiedlung

Bild 182 (vgl. Bild 181):   Oberwil, 24.6.1999

...in vergleichbarer Weise statt. Lange vor der Zeit der modernen Raumplanung wurden zukunftsbestimmende planerische Schritte eingeleitet, deren Tragweite wohl selten abgeschätzt werden konnte. Die geschlossene Überbauung, wie sie heute vorliegt, hat dem Raum viel Tiefe und Weite genommen. Der hochgewachsene Wald verstärkt diese Wirkung noch.

Kapitel 5: Blicke auf den Siedlungsraum

Bild 183 (vgl. Bild 184):   Thürnen, um 1960

Seit dem Zweiten Weltkrieg sind die Ortschaften zunächst in den Haupttälern und dann zunehmend auch in den Seitentälern ausserordentlich rasch gewachsen. Von Basel aus dehnen sich heute nahezu lückenlose Siedlungsbänder in das Umland hinaus. Während Jahrhunderten waren vorher nur sporadisch einzelne Häuser gebaut worden. 1900 hatte Thürnen 347 Einwohner, 1950 waren es 331. In den darauf folgenden vierzig Jahren wuchs die Bevölkerung auf mehr als...

Vom eingebetteten Dorf zur Streusiedlung

Bild 184 (vgl. Bild 183):   Thürnen, 9.9.1998

...das Dreifache an (1990: 1051 Einwohner (Statistisches Amt Kanton Basel-Landschaft 1996, S. 23)). Bild 183 stammt aus den ersten Jahren dieser Entwicklung. Rechts vom alten Dorf, gegen Sissach zu, waren bereits einige Neubauten entstanden. Ein Vergleich der beiden Bilder zeigt, dass von den neuen Quartieren heute deutlich mehr Fläche eingenommen wird als vom alten Dorf. Nicht selten werden in der heutigen Zeit grössere Landflächen durch Konsortien aufgekauft und in einem Zug überbaut.

Kapitel 5: Blicke auf den Siedlungsraum

Bild 185 (vgl. Bild 186): Rickenbach, vor 1950

Rickenbach war einst ein kleines Dorf, bestehend aus stattlichen Bauernhäusern, welche harmonisch in einer Talmulde eingebettet lagen. Die Bevölkerung war zum grossen Teil in der Heimindustrie und in der Landwirtschaft tätig. Einige Bewohner gingen ausserhalb des Dorfs einem (Zusatz-)Erwerb nach. Oft wurde von ihnen vor dem Weggehen zu Hause noch der Stall besorgt. Das Dorf und seine Umgebung dürften auf Besucher «beschaulich» gewirkt haben.

Vom eingebetteten Dorf zur Streusiedlung

Bild 186 (vgl. Bild 185):   Rickenbach, 24.6.1999

Inzwischen ist die bäuerliche Struktur des Dorfs zum Teil verloren gegangen: Das Landwirtschaftsland wird nurmehr von wenigen Betrieben – mit grösserer Intensität – bestellt. Deshalb werden nicht mehr alle Bauernhäuser von Landwirten bewohnt. In den letzten Jahren sind auch in diesem Dorf zahlreiche neue Wohnbauten entstanden – eine Entwicklung, welche in den stadtnahen Gemeinden mehr als fünfzig Jahre früher eingesetzt hat (vgl. zum Beispiel die Bilder 178ff). Die Landschaft hat einen Teil ihrer früheren Ästhetik verloren.

Kapitel 5: Blicke auf den Siedlungsraum

Bild 187 (vgl. Bild 188): Häfelfingen, 1941

Die Einwohnerzahl dieser Gemeinde hat sich im Verlauf des 20. Jahrhunderts nie einschneidend verändert. Auch hier sind aber neue Bauten entstanden, denn wie überall ist der Platzbedarf pro Person gestiegen. Häfelfingen hat jedoch, als eines von wenigen Dörfern, sein altes Gesicht in einem...

Bild 188 (vgl. Bild 187): Häfelfingen, 2.7.1999

...weitgehenden Ausmass bewahrt. Dies mag nicht darüber hinwegtäuschen, dass die Umstrukturierungen der Landwirtschaft auch hier stattgefunden haben. Und vielleicht wird der Trend zum Wohnen im Grünen zukünftig auch dieses Dorf stärker prägen.

Vom eingebetteten Dorf zur Streusiedlung

Bild 189 (vgl. Bild 190): markante Häuserzeile in Wittinsburg, 1941

Mit den folgenden Bildern sollen Beispiele dafür gezeigt werden, wie die Harmonie in einzelnen Landschaftsausschnitten unter Umständen schon durch kleine Eingriffe empfindlich gestört werden kann. Bild 189 wurde für das Denkmalverzeichnis von Eppens (1941/1942) aufgenommen. Es zeigt eine...

Bild 190 (vgl. Bild 189): verstellter Blick auf Wittinsburg, 23.9.1998

...auf Fels gebaute Häuserzeile mit einer ehemaligen Kapelle (viertes Haus von links). Wenn nun ein moderner Zweckbau vor diesem Ensemble errichtet wird, verliert dieses einen Teil seines Werts. Es reicht nicht, nur die historische Qualität der einzelnen Häuser für sich zu beurteilen.

Kapitel 5: Blicke auf den Siedlungsraum

Bild 191 (vgl. Bild 192): Blick vom Spitzeflüeli auf Zeglingen, 1949

Ein einziger Bau kann das Landschaftsbild einer ganzen Region beträchtlich beeinflussen. Von vielen Seiten her wird das Auge...

Bild 192 (vgl. Bild 191): Blick vom Spitzeflüeli auf Zeglingen, 9.8.1996

...immer wieder auf diesen einen Kubus gelenkt. Viele solche Bauten könnten problemlos besser in die Landschaft eingepasst werden.

Vom eingebetteten Dorf zur Streusiedlung

Bild 193 (oben): Gemeindegrenze, Füllinsdorf/Liestal, 20.9.1998

Durch das Raumplanungsgesetz wurde das Bauen auf bestimmte Zonen beschränkt. Das ist gut – und sollte so bleiben. Wenn aber die Planung zu viel auf Gemeindegrenzen und zu wenig auf landschaftliche Gegebenheiten Rücksicht nimmt, können dauerhaft unbefriedigende Lösungen entstehen.

Bild 194 (unten): Grossüberbauung, Lausen, 9.9.1998

Zwei Möglichkeiten der Überbauung von Landflächen mit Wohnhäusern stehen auf diesem Bild einander gegenüber. Besonders bei Grossprojekten müsste einer Prüfung der «Landschaftsverträglichkeit» mehr Gewicht zukommen. Dazu müsste das «gesunde Augenmass» ebenso gehören wie die Beurteilung mit Hilfe eines objektiven Bewertungsrasters.

Wandlungen im Innern der Ortschaften

Die Bevölkerung in den Ortschaften unseres Kantons führte einst eine weitgehend autarke Lebensweise. Man stand in einer schicksalhaften Abhängigkeit zum Raum. Die noch im 19. Jahrhundert vorkommenden Hungersnöte belegen dies deutlich.

Eine bildliche Vorstellung vom Dorfleben in der Zeit um 1680 hat sich Paul Suter aufgrund der Pläne des Geometers Georg Friedrich Meyer gemacht. Er hält zusammenfassend fest: «Den wirtschaftlichen Charakter des Dorfes beherrscht der Landbau noch völlig.» Für 1926 urteilt Suter: «Das Dorfbild der Gegenwart hat viel von jener Beschaulichkeit der alten Zeit eingebüsst. Allerneustes steht neben Überbleibseln der Vergangenheit. Das Leben pulsiert rascher. Der Landbau beschäftigt die Bewohner nicht mehr ausschliesslich, Industrien sind eingezogen. Das eintönige Klappern der Webstühle ertönt aus vielen Häusern, von weit her heult eine Fabriksirene» (Suter 1926, S. 196f). Viele unserer alten Bilder stammen aus den ersten Jahrzehnten des 20. Jahrhunderts. Aus heutiger Sicht scheinen die darauf sichtbaren «Überbleibsel der Vergangenheit» noch zahlreich vorhanden zu sein, sind doch in der Zwischenzeit noch viel tiefer greifende Veränderungen eingetreten.

Das Dorf war also einst für die ganze Bevölkerung Wohn- und Arbeitsort – der Ort, wo die Nahrungsmittel für den Eigenbedarf erzeugt wurden. Heute wohnt und arbeitet nurmehr ein Teil der Menschen tagsüber hier: Kinder und ihre Erzieherinnen oder Erzieher und Pensionierte. Die (so genannt) Erwerbstätigen erholen sich und schlafen im Dorf nur noch. Die meisten Esswaren und Gebrauchsgüter werden in grossen Einkaufszentren erworben und mit dem Auto nach Hause gebracht.

Die skizzierten neuen Lebensformen haben ihren Niederschlag im Innern der Ortschaften gefunden. Besonders einschneidend sind die Veränderungen im

> Ziefen: «In Bezug auf die Reinlichkeit im Dorf mag denn doch gegenwärtig wenigstens die Aussage von Jeremias Gotthelf, man könne in den Baselbieter Dörfern mit den Kähnen auf den Mistgüllen von einem Hause zum andern schiffen, für Zyfen seine Anwendung nicht mehr finden. Zwar noch zu Anfange des 19. Jahrhunderts war die Hauptstrasse viel tiefer als links und rechts die angrenzenden Gebäude, und von den Bewohnern wurde aller Kehricht darein geworfen und so auf der Dorfstrasse Mist und Dünger producirt.»
>
> Quelle: Briggen (1862), S. 1248

Wandlungen im Innern der Ortschaften

Strassenraum. Als das Verkehrsaufkommen noch bescheiden war, bis in die Mitte unseres Jahrhunderts, zeigt er sich auf den Fotografien als vielfältiger Ort der Begegnung, des Arbeitens und des Spielens. Die Aktivitäten in den Häusern fanden draussen auf den Vorplätzen und auf der Strasse ihre Fortsetzung, denn viele Arbeitsabläufe des Alltags waren verknüpft mit dem Haus und seiner näheren Umgebung. Es brauchte weder Schutzmassnahmen für noch vor dem Verkehr. Auch in grösseren Ortschaften gehörten Kühe zum alltäglichen Strassenbild.

Vom Ort der verbindenden Kommunikation ist der Strassenraum zum Ort der Trennung und der Gefahr geworden. Die Zunahme des Verkehrs hat sehr viel Lärm und Hektik gebracht. Man denke etwa an die Umgestaltung vieler Plätze. Sie sind zu Orten geworden, wo es für Wendemanöver und das temporäre Lagern von Bruchsteinen ebensowenig Raum und Gelegenheit gibt wie für das Spalten von Holz oder eine Unterhaltung mit Nachbarn. Auf vielen Plätzen ist also der Platz verloren gegangen. Sie sind zu einseitig im Dienst des Verkehrs stehenden Passierkreuzen oder Knotenpunkten geworden, die man möglichst schnell hinter sich lassen will. Die Fussgänger sind auf Fussgängerstreifen, Trottoirs und Verkehrsinseln verdrängt. Ampeln regeln, wann sie sich fortbewegen dürfen.

Zu Beginn des 20. Jahrhunderts setzte die Elektrifizierung grossflächig ein (vgl. Blumer-Onofri 1994). Die Strassenlampen wurden auf den Betrieb mit der neuen Energie umgerüstet. Schritt für Schritt folgten neue Anwendungsbereiche. Was zunächst in der Landschaft nur am Auftreten von Leitungsmasten und Drähten sichtbar wurde, leitete in Tat und Wahrheit tiefgreifende Veränderungen ein.

Einschneidend sind auch die Wandlungen bei alten Bauten. Nach aussen wirken heute zahlreiche Ortskerne auf den ersten Blick noch weitgehend intakt. Heimatschutz und Denkmalpflege haben die Häuser inventarisiert und halten ein waches Auge auf Veränderungen. Aber die Kühe sind mehr und mehr aus den oft engen, düsteren Ställen verschwunden und mit ihnen die Miststöcke am Strassenrand. In den Posamenterstuben klappern längst keine Webstühle mehr. Die Häuser erfahren reihenweise Umnutzungen. Nur die Fassaden bleiben als Zeugen einer anderen Zeit erhalten. Ausserhalb der denkmalgeschützten Ortskerne fegen nicht selten Grossüberbauungen schlagartig Teile der während Jahrzehnten langsam gewachsenen Bausubstanz weg. •

> Hölstein: «Im Bottenhaus entstand nach und nach eine Werkstatt für Velos, Motorräder und Autos. Denn: Statt Fuhrwerke fuhren nun immer mehr Autos auf der Talstrasse. Entsprechend wurde auf dem Vorplatz des ehemaligen Bottenhauses eine Benzinsäule installiert. Lastwagen transportierten nun Waren zu den Posamentern, lieferten Bier und Eis vom Ziegelhof. Und Dr. Straumann vertauschte sein ‹Chaisli› mit einem Auto. Als Zeichen der neuen Zeit liess sich der Besitzer der Uhrenfabrik im Dorf von einem uniformierten Chauffeur auf Geschäftsreisen fahren. Mit der Zunahme des motorisierten Verkehrs zeigten sich aber auch erste Ärgernisse. Es gab Reklamationen wegen zu schnellen Fahrens und wegen der grossen ‹Staubplage›. Nach und nach wurden schliesslich die Strassen innerhalb des Dorfes geteert. Die Zeiten, als auf der Strasse gespielt wurde, waren endgültig vorbei.»
>
> *Quelle: Gemeinde Hölstein (1998), S. 72f*

Kapitel 5: Blicke auf den Siedlungsraum

Bild 195 (vgl. Bilder 196, 197 und 198):   Olsbergerhof, Liestal, 1864

Der Turm des Olsbergerhofs in Liestal war immer wieder ein beliebtes Fotosujet. Mit vier Bildern (deren Aufnahmestandorte nicht absolut identisch sind) können Veränderungen in einem kleinen Ausschnitt des Siedlungsraums über 134 Jahre verfolgt werden. Für die Zeit um 1835, dreissig Jahre vor der Aufnahme von Bild 195, werden die Zustände in den Gassen von Liestal wie folgt geschildert (Schulz-Stutz 1931, S. 29): «Das Strassenpflaster war in den traurigsten Umständen. Wie jetzt die Strasse in der Mitte erhöht ist, war sie umgekehrt tiefer und das Bächlein lief in der Mitte. In beiden hintern Gassen prangten die Misthaufen; vom Gestadeck...

Bild 196 (vgl. Bilder 195, 197 und 198):   Olsbergerhof, Liestal, 1910

...will ich gar nicht reden. Oberhalb dem Pfarrhaus hatte Jemand förmlich Mist fabriziert, indem er Kohlblätter auf die Gasse streute, um sie vom Publikum vertreten zu lassen. Wie es im Rosengässlein aussah, kann man aus einer Inschrift schliessen, die an einem Kantonalgesangfest am Eingang desselben zu lesen war. Sie lautet: ‹Es freue sich, was da lebet im rosigen Licht, dahinten aber ist's fürchterlich!›» Bild 195 zeigt nebst anderem einen Misthaufen auf dem Fischmarkt, in der Nähe der Stadtmühle (welche ganz links im Bild noch teilweise zu sehen ist). Miststock und Hühner lassen darauf schliessen, dass ein Teil der Gebäude...

Wandlungen im Innern der Ortschaften

Bild 197 (vgl. Bilder 195, 196 und 198):   Olsbergerhof, Liestal, um 1930

...des Zentrums von Liestal (noch) landwirtschaftlich genutzt wurde. Klaus (1970, S. 158) schreibt: «Die vielen Kleinhandwerker an der Hintern Gasse und auf dem Fischmarkt hatten nämlich fast alle etwas Vieh, Kleinvieh oder Reben – Liestal machte fast den Eindruck eines ‹Buurestedtli› (Gewährsperson 1884).» Die Fotografie von 1910 (Bild 196) zeigt, dass der Strassenraum nicht mehr verstellt ist. Da waren also die Kühe aus dem Zentrum verbannt worden, aber die «Abfälle» auf dem Boden lassen den Schluss zu, dass noch rege landwirtschaftliche Güter transportiert wurden. Um 1930 (Bild 197) war die Strasse geteert, der Boden wirkte «sauber». Bereits 1907...

Bild 198 (vgl. Bilder 195, 196 und 197):   Olsbergerhof, Liestal, 19.9.1998

...waren in Liestal erste Versuche mit der Teerung von Strassen (Rathausstrasse und Rosengasse) gemacht worden (Klaus 1970, S. 58). Heute (Bild 198) ist der Fischmarkt wieder verstellt: Belegte Parkplätze dominieren das Bild. Beim Olsbergerhof sind eine Mauer und ein Tor entstanden, welche alt aussehen sollen, die es so jedoch nie gegeben hat. Insgesamt wurde aber die Bausubstanz über all die Jahrzehnte hinweg sorgfältig bewahrt. Die Art der Gebäude- und Strassennutzung von 1864 ist jedoch um Welten von der heutigen Nutzung entfernt.

Kapitel 5: Blicke auf den Siedlungsraum

Bild 199 (vgl. Bild 200):   Bretzwil, um 1900

Die Bilder gewähren Einblick in das Innere eines an der Peripherie des Kantons gelegenen Dorfs. Um 1900 lebten die Einwohnerinnen und Einwohner von der Heimindustrie und der Landwirtschaft. Letztere drückte dem Ortsbild ihren Stempel auf. Man arbeitete zwölf bis vierzehn Stunden pro Tag. Durch einen grossen...

Wandlungen im Innern der Ortschaften

Bild 200 (vgl. Bild 199):   Bretzwil, 20.9.1998

...Dorfbrand wurden am 17. Januar 1919 die meisten der auf Bild 199 festgehaltenen Häuser der Hauptstrasse zerstört (Althaus 1980, S. 49 und 52f). Dadurch, dass danach eine Fabrik (die Winderei und Zettlerei Thurneysen & Co. AG, heute die Herba) erbaut wurde, hat sich der Charakter des Dorfs erheblich verändert.

Kapitel 5: Blicke auf den Siedlungsraum

Bild 201: Viehmarkt, Liestal, 1912

Bereits zu Beginn des 20. Jahrhunderts waren viele Kühe aus dem Zentrum von Liestal verschwunden (vgl. die Bilder 195 und 196). Bild 201 zeigt aber, dass die Verflechtung des Städtchens mit der Landwirtschaft eng blieb. Die beliebten Viehmärkte wurden noch bis Ende 1968 regelmässig abgehalten (Klaus 1970, S. 190).

Bild 202: Strohdach-Haus, Rothenfluh, vor 1900

Schon um 1680 gab es im Baselbiet nicht mehr viele Strohdach-Häuser (Burckhardt 1933, S. 433). Das hier abgebildete Relikt wurde um 1900 abgebrochen. Das Bild lässt erahnen, dass das Gesicht der Dörfer einst – lange vor der Zeit der Fotografie – noch um Kategorien anders ausgesehen hat als zu Beginn des 20. Jahrhunderts.

Wandlungen im Innern der Ortschaften

Bild 203 (vgl. Bild 204):   Seltisberg, vor 1902

Nicht nur die Landwirtschaft hat das Innere der Dörfer bis in die Zeit vor dem Zweiten Weltkrieg geprägt. Allgegenwärtig sind auch die Energievorräte in Form von Holzbeigen. Die Holzgabe der Bürgergemeinden an die Bürger spielte eine wichtige Rolle. Das Holz war der Brennstoff fürs Heizen, Kochen und Backen. Ausserdem: Vor den (mit Öl betriebenen) Motoren setzte man (mit Gras ernährte) Tiere als Arbeitshilfen ein (vgl. die Bilder 30 und 32 bis 35).

Bild 204 (vgl. Bild 203):   Seltisberg, 28.8.1998

Nach dem Krieg sind das Brennholz und die Kohle als Energielieferanten weitgehend durch Öl, Gas und Elektrizität verdrängt worden. Dadurch sind viele der einstigen nachhaltigen Energiekreisläufe verschwunden. In jüngster Zeit wird Holz wieder vermehrt als Spender von Wärme (zum Beispiel in Schnitzelheizungen und Cheminées) eingesetzt.

Kapitel 5: Blicke auf den Siedlungsraum

Bild 205 (vgl. Bilder 206 und 207):   Burgstrasse, Liestal, 1887

Viele der Kleinhandwerker im Städtchen Liestal besassen auch noch etwas Vieh und ausserhalb der Mauern kleine Grundstücke. Energie wurde von Hand oder mit Hilfe von Fuhrwerken in Form von Holz und gedörrtem oder grünem Gras aus der Umgebung herbeigeschafft. Das örtliche Gaswerk lieferte Gas für die Strassenbeleuchtung.

Wandlungen im Innern der Ortschaften

Bild 206 (vgl. Bilder 205 und 207):   Burgstrasse, Liestal, 1910

23 Jahre nach der Aufnahme von Bild 205 waren bei den Häusern fast keine baulichen Veränderungen erfolgt. Das Gewirr von – durch den Schnee besonders hervorgehobenen – Drähten zeigt aber, dass im Energiebereich einschneidende Veränderungen eingetreten waren. Die Stromversorgung hat die Industrialisierung sprunghaft beschleunigt.

Kapitel 5: Blicke auf den Siedlungsraum

«Im Jahre 1826 aber bildete sich eine Gesellschaft, welche freiwillige Beiträge zusammenschoss, woraus die Strassenlaternen angeschafft und deren Speisungs- und Besorgungskosten gedeckt wurden. [...] Am 1. Oktober 1873 wurde das Gaswerk eingeweiht. Tags darauf leuchteten erstmals 72 Strassenlaternen – ebenso hell war die Begeisterung der Einwohnerschaft über das gelungene Werk! [...] 1879 leuchteten 28 ganznächtige und 48 halbnächtige Flammen, wofür die Gemeinde 5100 Franken ausgab. Das Gaslicht kam wegen der nötigen Wartung teuer zu stehen – daher beschloss die Gemeindeversammlung vom 2. Oktober 1892, die elektrische Strassenbeleuchtung einzuführen und gewährte einen Kredit von 3200 Franken. Am 24. Dezember 1892 leuchteten erstmals elektrische Strassenlaternen. ‹Liestal, der immer fortschrittlich gesinnte Hauptort des Kantons, war stolz auf seine bescheidene Strassenbeleuchtung.› [...] Das im Jahr 1873 gebaute und am 1. Oktober eingeweihte Gaswerk Liestal kam mit dem Röhrennetz und dem Wohnhaus des Gasmeisters auf 80'170 Franken zu stehen, das Bauland an der ‹Gasstrasse› auf 10 Rappen je Quadratmeter. In den ersten zwanzig Betriebsjahren stieg der Gasverbrauch von 25'580 auf 167'000 Kubikmeter. Statt die Anlagen zu erweitern, beschloss die Generalversammlung 1892, den Geschäftsbetrieb auf die ‹Lieferung von elektrischem Strom zu Beleuchtungszwecken› auszudehnen. Den Strom lieferten die kleinen Kraftwerke der Tuchfabrik Rosenmund und Brodtbeck sowie der Sägemühle M. Flubacher. Am 1. Mai 1900 übernahm die 1898 gegründete Elektra Baselland, in deren fünfgliedrigem Initiativkomitee drei Liestaler sassen, das Lichtwerk und damit die Versorgung Liestals mit Elektrizität. [...] 1899 wurde in der Brauerei ‹Ziegelhof› der erste Elektromotor im Baselbiet in Betrieb gesetzt.»

Quelle: Klaus (1970), S. 138ff

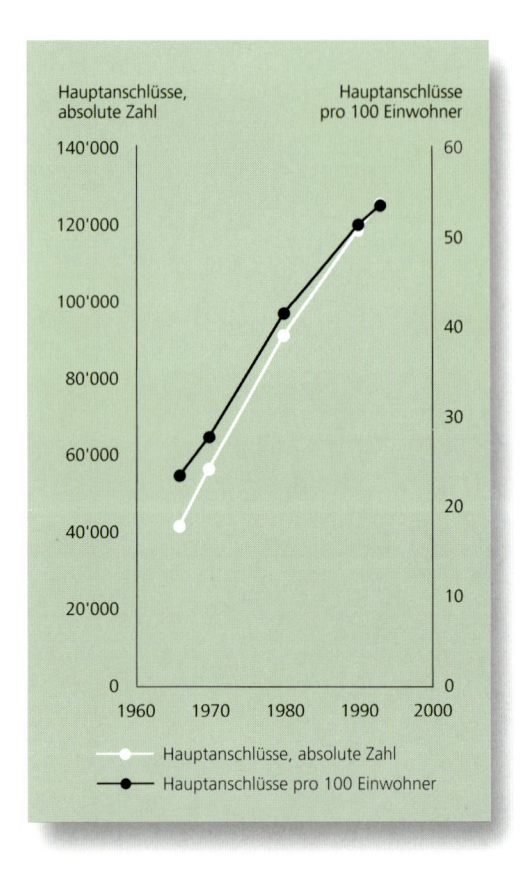

Grafik 22 (vgl. Tabelle 22): Anzahl Telefonanschlüsse im Kanton Basel-Landschaft

Ab 1852 wurde im Kanton die Telegrafie eingeführt. Rasch entstanden ein Fernleitungsnetz und verschiedene Telegrafenbüros. Die erste Telefonverbindung wurde 1882 zwischen Sissach und Eptingen in Betrieb genommen (Klaus 1983, S. 13f). In den letzten Jahrzehnten hat die Nachfrage nach Telefonanschlüssen beständig zugenommen. In jüngster Zeit setzt das mobile Telefonieren neue Massstäbe – nicht ohne «Marken» in der Landschaft zu erzeugen: In den letzten Jahren sind auf Bergkuppen zahlreiche neue Antennenmasten errichtet worden.

Wandlungen im Innern der Ortschaften

Bild 207 (vgl. Bilder 205, 206 und 208): Burgstrasse, Liestal, 4.7.1999

Ein Vergleich mit den vorangehenden Bildern zeigt, dass viele der alten Häuser seit mehr als hundert Jahren erhalten geblieben sind. Aber es gibt kaum mehr geschlossene Energiekreisläufe. Der Radius der Aktivitäten der Einwohner ist durch die Motorisierung enorm viel grösser geworden.

Bild 208 (vgl. Bild 207): Burgstrasse, Liestal, 4.7.1999

Quasi als Exkurs soll ein Blick hinter die Bretterwand rechts im Bild 207 geworfen werden: Hier läuft zur Zeit die totale Umkrempelung eines Landschaftsausschnitts ab.

Kapitel 5: Blicke auf den Siedlungsraum

Bild 209: ein früher «Parkplatz», Liestal, vor 1910

Vor dem Restaurant «Eintracht» beobachtete der Fotograf ein reges Kommen und Gehen, Handeln und Feilschen. Seit wenigen Jahren gab es Trottoirs, aber sie waren eher ein Hindernis beim Abstellen der Fahrzeuge. Nach wie vor wurden die Unterhaltungen auf der Strasse geführt.

Wandlungen im Innern der Ortschaften

Bild 210:   der erste Autobus (Martiniwagen), Ziefen, um 1905

Am 1. Juni 1905 wurde die Autobusverbindung zwischen Liestal und Reigoldswil eröffnet, einen Monat später fuhr die letzte Pferdepost auf dieser Strecke (Klaus 1985, S. 68). Noch steht eine Futterkrippe vor dem «Rössli», aber die Zukunft gehört dem Automobil.

Kapitel 5: Blicke auf den Siedlungsraum

Bild 211 (vgl. Bild 212): Hölstein, um 1900(?)

Nachdem um die Mitte des 19. Jahrhunderts das Eisenbahnzeitalter begonnen hatte, wurden in den Jahrzehnten um 1900 schrittweise weitere «folgenschwere» Neuerungen eingeführt: Um 1880 tauchten die ersten Fahrräder auf, 1882 wurde zwischen Sissach und Eptingen die erste Telefonverbindung des Kantons errichtet, am 14. September 1893 erregte in Liestal das erste Auto Aufsehen. Ende September 1905 gab es in allen Gemeinden ausser Liedertswil und Kilchberg eine Stromversorgung (Klaus 1983 und 1985). Diese Errungenschaften bewirkten – mit Ausnahme der Eisenbahnbauten – zunächst in erster Linie gesellschaftliche Veränderungen. Erst nach Jahrzehnten...

Wandlungen im Innern der Ortschaften

Bild 212 (vgl. Bild 211):   Hölstein, 9.9.1998

...führten sie zunehmend auch zu entscheidenden Veränderungen des Landschaftsbilds. In den folgenden Bildern sollen besonders Blicke auf Entwicklungen im Strassenraum geworfen werden. In Hölstein mussten um 1900 alle schauen, dass sie auf der Strasse irgendwie nebeneinander vorbei kamen: die Fussgängerinnen und Fussgänger, die Fuhrwerke und, ab dem 1. November 1880, die Waldenburgerbahn. Heute sind allen Nutzern klare Territorien zugeteilt. Der Verlauf der Schienen scheint noch gleich wie vor hundert Jahren, doch wurde das Trassee – zu Gunsten der Strasse und auf Kosten von Vorgärten – nach links verschoben.

Kapitel 5: Blicke auf den Siedlungsraum

Bild 213 (vgl. Bild 214):   Frenkendorf, vor 1920

Auf dem alten Bild gab es schon gepflästerte Entwässerungsrinnen, aber noch keine abgegrenzten Trottoirs. Der ganze Strassenraum diente vielen Bedürfnissen: Es verkehrten zwar ab und zu Gefährte; hier wurde aber auch gearbeitet, wurden Holz, Bausteine und Mist (zwischen)gelagert; hier holte man am Brunnen Wasser oder führte die Kühe zur Tränke; hier unterhielten sich Menschen und gackerten Hühner.

Wandlungen im Innern der Ortschaften

Bild 214 (vgl. Bild 213): Frenkendorf, 23.9.1998

Heute ist der grösste Teil des Strassenraums den zahlreichen Fahrzeugen zugedacht. Viel Platz nehmen daneben die Parkierflächen ein. Die Fussgänger sollen möglichst auf den Trottoirs bleiben. Alles ist auf schnelles Passieren ausgerichtet. Die meisten müssen täglich weite Strecken zurücklegen. Hier ist nicht mehr der Ort des Verweilens, nicht mehr der Ort, wo die Dorfgemeinschaft gepflegt wird.

Kapitel 5: Blicke auf den Siedlungsraum

Bild 215 (vgl. Bild 216): obere Hauptstrasse, Binningen, vor 1929

In der stadtnahen Gemeinde Binningen verlangte die Zunahme des Verkehrs schon früh nach mehr Strassenraum. Durch die Aufhebung von Vorgärten wurden (in zwei Schritten) neue Flächen gewonnen. Den fahrenden und stehenden Autos sowie der Strassenbahn wurde viel geopfert: Es gibt heute fast keine unversiegelten Flächen mehr und damit kaum mehr Lebensorte für Pflanzen und Tiere. Analoge Entwicklungen haben in zahlreichen...

Wandlungen im Innern der Ortschaften

Bild 216 (vgl. Bild 215):   obere Hauptstrasse, Binningen, 21.2.1995

...Ortschaften stattgefunden. Durch die zunehmende Nachfrage nach Wohnraum sind die Bodenpreise stark angestiegen. Dies hat zu kompakten Überbauungen geführt. Alte Bausubstanz ist dabei verloren gegangen. Der starke Verkehr reduziert durch seinen Lärm, seine Abgase und seine Erschütterungen die Wohnqualität in den abgebildeten Häusern beträchtlich. Insgesamt hat der Ort sein dörfliches gegen ein städtisches Gesicht eingetauscht.

Kapitel 5: Blicke auf den Siedlungsraum

Bild 217 (vgl. Bild 218): Ergolz-Brücke, Liestal, 3.8.1939

Brücken sind mit viel Aufwand hergestellte Kunstbauten. Sie waren sehr oft Orte, an welchen die Strassen eng wurden. Die Fuhrwerke – und später die Autos – mussten einander abwechslungsweise die Überfahrt gewähren. Das heutige Verkehrsaufkommen lässt derartige «Flaschenhälse» nicht mehr zu. Die kleinen Brücken von einst sind durch gigantische...

Bild 218 (vgl. Bild 217): Ergolz-Brücke, Liestal, 19.9.1998

...Bauwerke ersetzt worden. Im vorliegenden Beispiel musste die Brücke nicht nur breiter gemacht, sondern auch angehoben werden, da ausser der Ergolz noch eine Schnellstrasse überquert werden muss. Das alte Bild kann nicht mehr vom absolut identischen Standort aus wiederholt werden. Man müsste dazu den Fotoapparat im heutigen Strassenbelag versenken.

Wandlungen im Innern der Ortschaften

Bild 219 (vgl. Bild 220):   Ergolz-Brücke, Augst, 1956

1830 musste die im 17. Jahrhundert erbaute erste Ergolz-Brücke einem grösseren Bau weichen, da der Verkehr damals schon stark zugenommen hatte. Die neue Brücke war allerdings nur 2,1 Meter breit. Bald nach dem Zweiten Weltkrieg konnte sie den stark angewachsenen Autoverkehr (trotz einer Signalanlage) nicht mehr bewältigen. Deshalb wurde eine breite Betonbrücke erbaut und am 12. April 1958 eröffnet. Im Zusammenhang...

Bild 220 (vgl. Bild 219):   Ergolz-Brücke, Augst, 16.3.1999

...mit dem Brückenbau wurde eine Strassenkorrektion vorgenommen. Dafür wurden nicht weniger als acht Häuser abgerissen (Salathé 1976, S. 144ff). Die stark befahrene Strasse zerteilt das Dorf. Von der ständigen, unterschwellig vorhandenen Angst, welche die nicht motorisierten Menschen – nicht nur Mütter mit ihren Kindern – an und auf solchen Strassen empfinden, wird nur selten gesprochen.

Kapitel 5: Blicke auf den Siedlungsraum

Bild 221: frühe Umnutzung eines Ökonomiegebäudes, Liestal, um 1910

Aus den Bildern 195 und 196 war ersichtlich, dass in Liestal schon früh Landwirtschaftsbetriebe aufgegeben wurden. Bild 221 beweist, dass dies nicht nur im Innern des Stedtlis der Fall war, sondern auch draussen an der Kasernenstrasse. Gleichzeitig gibt unser Bild eine mögliche Antwort auf die Frage, wie Stall und Tenne neu genutzt wurden.

Wandlungen im Innern der Ortschaften

**Bild 222:   Umnutzung eines Ökonomie-
gebäudes, Brislach, 29.5.1999**

Im 20. Jahrhundert sind zahlreiche Landwirtschaftsbetriebe aufgegeben worden (vgl. Grafik 1). Was in den Zentren – wie Liestal – schon um die Jahrhundertwende stattgefunden hat, ist bis heute in (fast) allen Dörfern im Gang: Die nicht mehr benötigten Ökonomiegebäude werden neuen Nutzungen zugeführt.

**Bild 223:   Umnutzung eines Ökonomie-
gebäudes, Sissach, 12.6.1999**

Da die Bauernhäuser in den Ortskernen heute in der Regel in ihrem Äusseren nicht mehr verändert werden dürfen, sind in jedem Dorf zahlreiche Varianten von Umnutzungen zu finden. Äusserlich hat also alles so zu überdauern, wie es einmal war. Aber wo bleiben die Rauchschwalben *(Hirundo rustica)* aus den vielen Ställen?

Vom Klein- zum Grossgewerbe

Das Seidenbandweben entwickelte sich besonders im alten Waldenburger Amt in zahlreichen Gemeinden zum wichtigen Mit-Erwerbszweig der Kleinbauern. Allerdings führte es im 17. und 18. Jahrhundert noch zu keiner Verbesserung des Lebensstandards. Abt-Frössl (1988) konnte dies durch einen Vergleich der Lebensverhältnisse in reinen Bauerndörfern mit denjenigen in Posamenterdörfern zeigen. Im 19. Jahrhundert brachten es die Posamenter dann aber zu einem bescheidenen Wohlstand. Ihren Höhepunkt erreichte die Heimindustrie in der Zeit zwischen 1880 und 1900. Nach 1920 setzte ein starker Rückgang ein, welcher während und nach dem Zweiten Weltkrieg in verstärktem Masse fortdauerte (Suter, Paul 1978, S. 35). Um 1980 hat das Klappern der Webstühle für immer aufgehört.

1860 gab es (erst) 26 Fabrikbetriebe im Baselbiet, 18 davon im Textilbereich (Ballmer 1964, S. 93). Dazu kamen einige Manufakturen. Vor allem aber befanden sich in jedem Dorf zahlreiche kleine und kleinste Handwerksbetriebe, welche ihren Betreibern neben der Landwirtschaft ein Zusatzeinkommen brachten. Die Gemeinde Zunzgen – zum Beispiel – hatte 1860 718 Einwohner. Von Schmassmann (1863, S. 830) werden folgende Gewerbetreibende aufgeführt: «4 Wirthe, eine Taverne das Rössli und 3 Pinten, 2 Krämer, 1 Bäcker, 1 Müller, 1 Metzger, 1 Schmid, 1 Wagner, 2 Stuhlschreiner, 1 Möbelschreiner, 3 Schuster, 1 Ziegler, 2 Schneider, 1 Küfer, 1 Maurer, 1 Zimmermann.»

Eine neue Phase der Industrialisierung wurde durch die Eisenbahn eingeleitet. Im Bereich der Bahnanlagen entstanden Industrieareale. Der Agrarkanton entwickelte sich rasch zum Industriekanton (vgl. Ballmer 1964). Im 20. Jahrhundert ist die Anzahl der Industrie- und Gewerbebetriebe immer etwa gleich gross geblieben. Deutlich zugenommen hat hingegen die Zahl der Arbeiterinnen und Arbeiter (vgl. Grafik 23). Die letzten Jahrzehnte wurden von ein-

> «Wie alle ländlichen Gebiete wies auch die Landschaft Basel einen Bevölkerungsüberschuss auf, den der Boden nicht ernähren konnte. Andernorts kam es zur Auswanderung und zum Söldnerdienst in fremden Heeren. In unserem Gebiet fanden die überschüssigen Arbeitskräfte zum grossen Teil in der Heimindustrie der Posamenterei Beschäftigung. Interessant ist die Verbindung der Heimarbeit mit der Landwirtschaft. So wurden die sich selbst mit Nahrungsmitteln versorgenden Posamenterbauern unabhängiger gegen Krisen. Die intensive Beschäftigung der ganzen Familie am Webstuhl (oft durch Anstellung von knapp gehaltenen Posamentermägden und -knechten unterstützt) war trotz bescheidener Entlöhnung die grosse Bargeldquelle der kleinbäuerlichen Bevölkerung. Dieses Bargeld wurde grösstenteils für Landkäufe und zur Verbesserung der Wohnverhältnisse verwendet. So brachte die Heimindustrie einen gewissen Wohlstand.»
>
> *Quelle: Suter, Paul (1978), S. 32*

Vom Klein- zum Grossgewerbe

Grafik 23 (vgl. Tabelle 23): Anzahl Vollzeitbeschäftigte und Arbeitsstätten im Sektor 2 (Industrie und Gewerbe) im Kanton Basel-Landschaft

Die Gesamtzahl der Industrie- und Gewerbebetriebe ist im Verlauf des 20. Jahrhunderts immer etwa gleich gross geblieben. Nach dem Zweiten Weltkrieg sind allerdings viele Arbeitsstätten stark gewachsen. 1905 waren in einem Betrieb durchschnittlich 4,5 Arbeitskräfte beschäftigt, 1995 waren es 14,3.

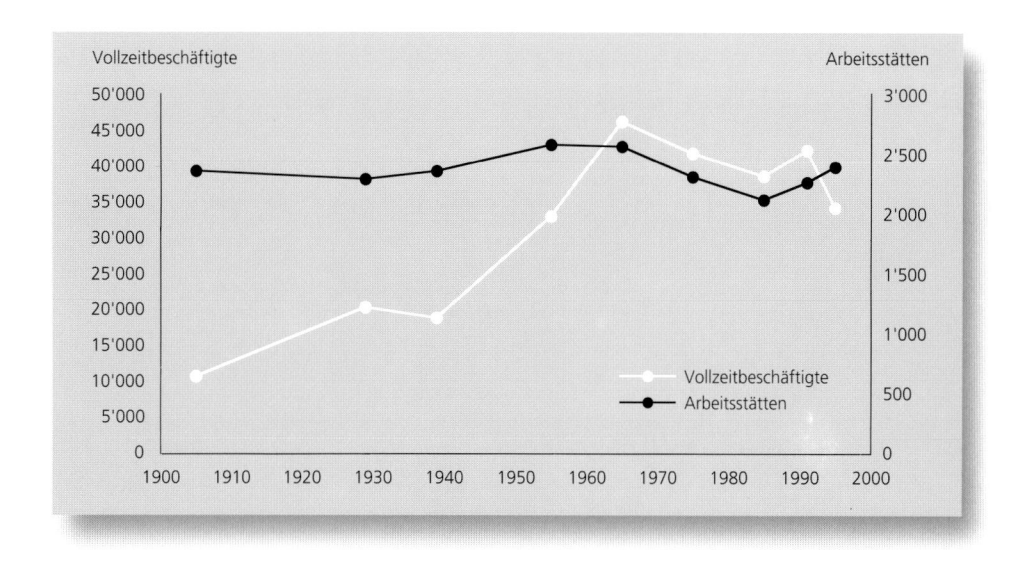

> Homburgertal: «Die Heimarbeit ist vom neuzeitlichen Fabrikbetrieb abgelöst worden. Die Dorfbewohner hatten die Arbeitsplätze in den Industrieorten aufzusuchen; damit trat die Pendelwanderung an die Stelle der Posamenterei. Der Pendelwanderer ist zur typischen Gestalt im Arbeitsleben des Untersuchungsgebietes geworden. Er verlässt am frühen Morgen das Dorf und kommt oft erst spät am Abend heim. Diese Trennung von Wohnort und Arbeitsort hat einen grossen Einfluss auf das soziale Leben der Gemeinde.»
>
> *Quelle: Nussbaumer (1963), S. 37*

schneidenden Umstrukturierungen geprägt: Die einheimische Industrie wurde zunehmend Teil des Geflechts internationaler Konzerne.

Eine Folgeerscheinung der Industrialisierung ist das Pendeln der Arbeitnehmenden zwischen Wohn- und Arbeitsort. Das Phänomen wurde vielfach beschrieben (zum Beispiel von Annaheim 1967, S. 43.01ff). Es war bereits 1910 nicht ganz selten (Hintermann 1966, S. 100ff), und schon 1960 arbeitete nur noch die Hälfte der erwerbstätigen Bevölkerung am Wohnort (Siegrist 1964, S. 62).

Mit Bildern ist es möglich, die oft schlüsselhafte Bedeutung der Fabrikbauten im Rahmen der Landschaftsgeschichte zu zeigen. Sie wurden in der Regel am Siedlungsrand, oft fernab von bestehenden Häusern, errichtet, um dann früher oder später von der baulichen Entwicklung eingeholt zu werden. Ihre Baukörper haben immer schon andere Dimensionen aufgewiesen als sonstige Häuser, was die Ortsbilder nicht selten einschneidend veränderte. Und dieses Phänomen ist bis heute zu beobachten, wobei die Kubaturen der Bauten immer grösser werden.

Kapitel 5: Blicke auf den Siedlungsraum

Bild 224 (vgl. Bild 225):   Kleingewerbe, Oberdorf, um 1900(?)

Die frühen Gewerbebetriebe in den Dörfern standen zum grössten Teil im Dienst des Bauens und der Versorgung der Bevölkerung mit Lebensmitteln, Kleidung und Gerätschaften für den Arbeitsalltag. In den einzelnen Orten war man in einem hohen Mass unabhängig von den Nachbargemeinden. Im Waldenburgertal gab es, im Zusammenhang mit dem Verkehr über den Oberen Hauenstein, schon früh besonders viele Karrer, Seiler, Wagner und Schmiede. Die Gewerbebetriebe waren klein und unscheinbar in wenigen Räumen untergebracht. In Oberdorf entstanden nach 1900 – mit einiger Verzögerung zu den...

Vom Klein- zum Grossgewerbe

Bild 225 (vgl. Bild 224):   Oberdorf, 19.7.1995

...Nachbardörfern – mehrere Betriebe der Uhrenindustrie und der Metallverarbeitung. Für die grösseren unter ihnen wurden ausserhalb des Dorfkerns neue Fabrikbauten erstellt (Gerber 1993, S. 183ff). Heute werden im Dorfkern viele der ehemaligen Lokale des Gewerbes durch Dienstleistungsbetriebe genutzt. Auf diesem Bildpaar sind zahlreiche weitere Entwicklungen zu sehen, wie sie im 20. Jahrhundert in vielen Dörfern abgelaufen sind. Zum Teil wurden sie an anderer Stelle schon beschrieben.

Kapitel 5: Blicke auf den Siedlungsraum

Bild 226 (vgl. Bild 227):   Gestadeckplatz, Liestal, um 1900(?)

Rechts neben der alten Kaserne (mit dem Treppengiebel) ist die Sägemühle zu sehen. Um die Wasserkraft der Ergolz nutzen zu können, wurden Gewerbebetriebe schon früh ausserhalb des Städtchens angesiedelt. Hier war auch genügend Platz zum Lagern des Holzes vorhanden. Oft – so auch auf dem...

Vom Klein- zum Grossgewerbe

Bild 227 (vgl. Bild 226):   Gestadeckplatz, Liestal, 20.10.1987

...Gestadeckplatz – sind die alten Gewerbestandorte bis heute erhalten geblieben, aber die Art des Gewerbes und die Bebauungsziffer des Lands haben sich verändert. Alte Bausubstanz ist verloren gegangen, und der Verkehr hat einseitig die früher vielen Zwecken dienende Fläche des Platzes in Beschlag genommen.

Kapitel 5: Blicke auf den Siedlungsraum

Bild 228 (vgl. Bild 229):   Fabrikgebäude der Hanro AG, Liestal, vor 1930

Nicht selten sind frühe Industriebauten fern vom Siedlungsraum auf der grünen Wiese errichtet worden. Im hier gezeigten Beispiel dürfte die Standortwahl wesentlich vom Umstand beeinflusst worden sein, dass durch einen Kanal (Teich) Wasser der Frenke als Energiespender zum Fabrikgebäude der Hanro geleitet werden konnte.

Vom Klein- zum Grossgewerbe

Bild 229 (vgl. Bild 228):   Hanro AG und Umgebung, Liestal, 25.6.1999

Heute verdecken Bäume am Aufnahmestandort von Bild 228 (Pulverturm) die Sicht auf die Hanro. Deshalb wurde das Bild aus mehr Distanz und Höhe wiederholt. Es ist nicht von der Hand zu weisen, dass der einmal vorhandene Bau die spätere Festlegung des Bauzonen-Perimeters wesentlich beeinflusst hat.

Kapitel 5: Blicke auf den Siedlungsraum

Bild 230 (vgl. Bild 231): Münchenstein/Arlesheim (2 zusammengesetzte Luftbilder), 7.9.1937

(Norden ist links im Bild.) Der ehemalige Auenbereich entlang des rechten Birsufers wurde 1937 zum grössten Teil intensiv landwirtschaftlich genutzt. Im Zentrum der Ebene lag der Widenhof. Die Eisenbahn durchfuhr das Gebiet. Es gab einzelne Industriebauten, erkennbar an ihren grossen Dachflächen. Oben links liegt das alte Dorf Münchenstein, oben rechts (angeschnitten) Arlesheim. In der Hanglage, zum Teil weit weg vom alten Dorfkern, waren neue Quartiere am Entstehen.

Vom Klein- zum Grossgewerbe

Bild 231 (vgl. Bild 230): Münchenstein/Arlesheim (Luftbild), 26.7.1994

1994 zeigt es sich, dass die Flussebene dazu prädestiniert war, als grosses Industrieareal zu dienen: Der einstige Auenbereich der Birs ist nun fast flächendeckend versiegelt. Die Erschliessung durch Bahn und Strasse ist optimal. Nur beim Widenhof liegen noch einige grössere Äcker. Auch die Lücken in den Wohnquartieren sind weitgehend geschlossen. Es ist nicht verwunderlich, dass zunehmend im oberen Kantonsteil neue Bodenflächen für Industrie- und Wohnbauten erschlossen werden.

Kapitel 5: Blicke auf den Siedlungsraum

Bild 232 (oben):   Fabrikanlage, Zwingen, um 1960

Die Industrie hat eine neue Kategorie von Bauten bis in viele Dörfer hinaus gebracht. Plötzlich war nicht mehr die Kirche das grösste Gebäude. Die neuen Arbeitsangebote haben die Schliessung von Landwirtschaftsbetrieben beschleunigt.

Bild 233 (unten):   Fabrikanlage, Bretzwil, um 1960

In Bretzwil war schon früh (1920, nach dem Dorfbrand) mitten im Dorf ein grosses Fabrikgebäude erstellt worden (vgl. Bild 200). Der neue Industriebetrieb von 1957 ermöglichte es weiteren Einheimischen, zum Arbeiten im Dorf zu bleiben.

Vom Klein- zum Grossgewerbe

Bild 234:   Industrieareal, Itingen, 9.9.1998

Heutige Industriebauten können, wenn bei ihrer Planung das Augenmass fehlt, grössere Landschaftskammern dauerhaft entstellen. Der hier gezeigte Bau belegt mehr Bodenfläche, als sie vom alten Dorf Itingen insgesamt benötigt wird. Eine Prüfung der «Landschaftsverträglichkeit» hätte Grundlagen für eine bessere Einpassung des Baukörpers in die Landschaft liefern können.

Kapitel 5: Blicke auf den Siedlungsraum

Bild 235: ehemaliger Teich beim Kessel, Liestal, um 1920

Solche Teiche (Fabrikkanäle) wurden schon früh für die Nutzung der Wasserkraft angelegt. Zusätzlich dienten sie an vielen Orten auch zur Bewässerung der angrenzenden Wiesen. Seit etwas mehr als hundert Jahren wurde ihr Wasser für die Produktion von Strom eingesetzt. Die Industriebetriebe versorgten sich also selbst mit Elektrizität. Heute kommen Kleinkraftwerke allmählich wieder in Mode.

Bild 236: Hochspannungsleitung, Wahlen, 29.5.1999

Hochspannungsleitungen können gut oder weniger gut in die Landschaft eingepasst sein. Hier soll aber in erster Linie darauf hingewiesen werden, dass die Industrie heute nicht mehr an Orte gebunden ist, wo die Wasserkraft genutzt werden kann. Energie – sei es in Form von Elektrizität, Öl oder Gas – wird an wenigen Orten in riesigen Mengen gewonnen und von da aus an weit entfernte Stellen verteilt. Für das Landschaftsbild kann dies entscheidende Folgen haben. Industrieareale entstehen heute auch in Gebieten, wo sie früher nie denkbar gewesen wären.

Natur im Siedlungsraum gestern und heute

Dort, wo heute Häuser stehen, waren vor dem Bauen (fast) immer landwirtschaftlich genutzte Flächen. Wenn die Veränderungen der Natur im Siedlungsraum betrachtet werden sollen, sind folglich in einem ersten Schritt Blicke auf ihre Qualität vor und nach dem einschneidenden Ereignis der Überbauung zu werfen. Aufgrund der Anordnung der Baugebiete um die Siedlungskerne herum werden die ehemaligen Bünten- und Baumgarten-Areale besonders häufig überbaut – wir zeigten es bereits. In den grösseren Zentren geschah dies teilweise schon in der ersten Hälfte des 20. Jahrhunderts, in den peripher liegenden Dörfern ist diese einschneidende Entwicklung zur Zeit noch voll im Gang. Dabei gehen, weitgehend unbemerkt, Flächen mit besonders zahlreichen Kleinstrukturen – zum Beispiel Krautsäume, Bruchsteinmäuerchen, Böschungen, Hecken – verloren. Und mit den Kleinstrukturen verschwinden Nischen für zahlreiche Tier- und Pflanzenarten. Dort, wo die Überbauung bereits weiter aussen im Bereich der grossen Äcker stattfindet, ist der Verlust an biologischer Vielfalt in der Regel weit geringer.

In einem zweiten Schritt sind Blicke auf Veränderungen der Natur innerhalb der schon früh überbauten Siedlungsfläche zu werfen. «Natur» steht hier für vom Menschen nicht kultivierte Pflanzen- und Tierarten und ihre Lebensräume. Einige von ihnen sind als Schädlinge verhasst («Unkraut», «Ungeziefer»), andere werden geduldet oder geschätzt, und es würde vielen Menschen auffallen, wenn sie nicht mehr da wären. Die meisten Arten werden aber fast nie bemerkt, sei es, weil sie als unscheinbare Pflänzchen in Mauerritzen oder am Rand ungedüngter Rasenflächen vorkommen, sei es, weil sie als nachtaktive Tiere ein verborgenes Dasein führen. Zahlreiche Arten sind sogenannte Kulturfolger. Sie haben sich mit der Gegenwart des Menschen arrangiert, können mit häufigen Störungen leben.

Kapitel 5: Blicke auf den Siedlungsraum

Im Siedlungsgebiet gibt es überdies viele Nischen, welche eine grosse Ähnlichkeit mit solchen in der offenen Landschaft haben (vgl. Bundesamt für Umwelt, Wald und Landschaft 1995, S. 10f). In den intensiv genutzten Landwirtschaftsflächen ist das Spektrum der vorkommenden Pflanzen- und Tierarten stark geschrumpft. Für nicht wenige Arten ist der Siedlungsraum deshalb zum Refugium, zum Ort des Überlebens, geworden. Die Siedlungsökologie hat sich längst seiner Erforschung angenommen (vgl. zum Beispiel Sukopp & Wittig 1998).

Mit Fotovergleichen können für die Lebewelt bedeutsame Veränderungen im Siedlungsraum sichtbar gemacht werden. Dabei lässt sich nicht immer messerscharf entscheiden, welche Entwicklungen wie positiv oder wie negativ zu beurteilen sind. Da sind einmal die Bäume zu erwähnen. In neuen Einfamilienhausquartieren ist regelmässig zu beobachten, dass in den Gärten die Obstbäume, welche mit den Baugrundstücken erworben wurden, rasch weitgehend verschwinden, und zwar auch dort, wo sie noch Platz hätten. An ihrer Stelle werden zahlreiche Sträucher und neue Bäume, sehr oft Koniferen, gepflanzt. In wenigen Jahren entstehen hohe «Siedlungswälder», welche viel Fernsicht nehmen und Schatten bringen. Nicht selten entstehen dann Konflikte unter Nachbarn wegen dem Entfernen beziehungsweise Stehenlassen einzelner Bäume. In den Siedlungswäldern finden zahlreiche Tierarten Nahrung und Unterschlupf. Allerdings könnten auch Obstbäume dies gewährleisten.

Die Bildvergleiche mögen im Übrigen dazu anspornen, sich in vielen Gemeinden Gedanken zur Reintegration von Bächen ins Siedlungsbild zu machen. Gewässer sind auch im Siedlungsraum wichtige Lebensadern.

Im Bereich der Strassen haben wir uns an perfekt versiegelte Flächen gewöhnt. Niemand vermisst den Strassenstaub von einst, aber auf vielen Plätzen und in «undefinierten» Winkeln könnten durchlässige Beläge eingebaut werden. Diese nehmen Meteorwasser auf und bieten nebenher einer unscheinbaren Flora Raum.

Durch das Bauen sind nicht nur Nischen für Pflanzen und Tiere verloren gegangen, es sind auch neue entstanden. Oft werden sie zufällig wieder entfernt, nachdem sie während langer Zeit Lebewesen beherbergt haben. Durch besondere Aufmerksamkeit – und den Willen, nicht nur Menschen und Kulturpflanzen und -tiere im Siedlungsraum zu dulden – könnte dies vermieden werden. Verschiedene Beispiele zeigen zudem, dass mit wenig Aufwand Hilfen für Mit-Lebewesen im Siedlungsraum erstellt werden können (vgl. etwa den Leitfaden «Bauen für Segler» von Thurston 1983). ●

Besonders erhaltenswerte oder förderungswürdige Lebensräume im Siedlungsgebiet:

«Wichtig ist grundsätzlich die Erhaltung eines vielfältigen Mosaiks unterschiedlich genutzter, bewuchsfähiger und strukturreicher Flächen. Besonders erhaltenswert oder förderungswürdig sind:
- Nischen- und spaltenreiche Fassaden, Mauern und Treppen, z.B. für Mauervegetation, Segler (Nistplätze).
- Zugängliche Dachstöcke und Estriche, z.B. für Fledermäuse.
- Pionier- und Ruderalstandorte (Ödland) an trockenen, sonnigen, nährstoffarmen Stellen, z.B. an Strassenrändern, auf Kiesplätzen, in Pflasterritzen oder auf Baulücken, für Ruderalpflanzen sowie für Insekten, Reptilien und andere Kleintiere.
- In Dörfern auch sonnige, nährstoffreiche Standorte, z.B. für Ruderalpflanzen am Mauerfuss von Ställen.
- Vielfältig strukturierte, alte, extensiv gepflegte, grosse Grünflächen mit alten Baumbeständen, z.B. in Parks für Vögel und Kleinsäuger.
- Reste der Naturlandschaft und der traditionellen Kulturlandschaft, z.B. Ufervegetation am Stadtfluss oder Dorfweiher, Obstbaumgürtel am Siedlungsrand, Hohlwege, Magerwiesen.»

Quelle: Bundesamt für Umwelt, Wald und Landschaft (1995), S. 12

Natur im Siedlungsraum gestern und heute

Bild 237: Obstbaumbestand in der Bauzone, Bubendorf, 25.4.1987

Ein Stück Land mit einem schönen Obstbaumbestand liegt in der Bauzone. Lange Zeit war es sogenanntes «Bauerwartungsland» gewesen. Nun zeigen Profilstangen eine bevorstehende grossflächige Überbauung an. An die Stelle der Bäume werden Häuser und Gartenareale treten.

Bild 238: Hecke in der Bauzone, Zwingen, 13.2.1988

Besonders durch die Überbauung von Bünten und Baumgärten im Nahbereich der alten Siedlungskerne gehen laufend zahlreiche wertvolle Nischen für viele Tier- und Pflanzenarten verloren. An der Stelle einer Hecke wird in wenigen Monaten ein Haus stehen. Hecken sind bundesrechtlich geschützte Landschaftselemente. In der Bauzone kommt dieser Schutz aber (weshalb?) nicht zum Tragen.

Kapitel 5: Blicke auf den Siedlungsraum

Bild 239 (vgl. Bild 240): Blick vom Weissfluhweg Richtung Röserntal, Liestal, vor 1900

Die vom Menschen früh schon geschaffene Kulturlandschaft erforderte eine sehr arbeitsintensive Pflege. Weil verschiedene Nutzungen nah beieinander lagen, ergab sich eine reiche Strukturierung der Landschaft. Die traditionelle Kulturlandschaft war dadurch ein reichhaltiger, wertvoller Lebensraum.

Natur im Siedlungsraum gestern und heute

Bild 240 (vgl. Bild 239):   Blick vom Weissfluhweg Richtung Röserntal, Liestal, 21.7.1995

Nach 1890 entstanden in Liestal zunehmend Wohnbauten in vom Ortskern weit entfernten Gebieten. Die einstige «Idylle» entlang der Ergolz wandelte sich schrittweise zu einem Wohngebiet. Zwischen den Häusern sind (wieder) zahlreiche Bäume hochgewachsen. Der Raum hat viel von seiner ehemaligen Weite verloren.

Kapitel 5: Blicke auf den Siedlungsraum

Bild 241 (vgl. Bild 242): neues Quartier, Wintersingen, 18.7.1983

Im Rahmen der Gartengestaltung werden bei Neubauten (zu) viele neue Gehölze gepflanzt. Oft sind es nicht einheimische...

Bild 242 (vgl. Bild 241): Siedlungswald, Wintersingen, Juni 1994

...Arten. Die alten Obstbäume lässt man leider allzu unbedacht verschwinden. In wenigen Jahren entsteht ein Siedlungswald.

Natur im Siedlungsraum gestern und heute

Bild 243: Koniferen im Siedlungsraum, Liestal, 1919

Der Siedlungswald ist eine alte Erscheinung. Sie taucht zeitgleich mit dem Bauen ausserhalb der alten Siedlungskerne auf. Schon früh wurden gerne Nadelhölzer gepflanzt, da sie im Winter grün bleiben. Heute ist der Baum als Element jeder Umgebungsgestaltung zu einer Chiffre geworden. Auch der Siedlungswald bräuchte regelmässig Durchforstungen.

Kapitel 5: Blicke auf den Siedlungsraum

Bild 244 (vgl. Bild 245): Homburgerbach, Buckten, vor 1950

In den Tälern fliessen Bäche durch die Dörfer. Der Dorfbach war lange Zeit eine wichtige Lebensader. Hier wurden Tiere getränkt und Wäsche gewaschen. Die Dorfjugend fing Fische und Krebse im Bach und vergnügte sich beim Baden. Die Bäche mussten auch Abwässer aufnehmen – im 20. Jahrhundert in stark zunehmendem Mass. Nach dem Zweiten Weltkrieg konnte das Problem der Gewässerverschmutzung durch den Bau von Kläranlagen weitgehend entschärft werden. Heute bringt das Regenwasser aus den Landwirtschaftsflächen grössere Düngermengen in die Bäche, was zu starker...

Natur im Siedlungsraum gestern und heute

Bild 245 (vgl. Bild 244):   Homburgerbach eingedolt, Buckten, 9.9.1998

...Algenbildung führt. In vielen Dörfern ist diese Veränderung jedoch nicht mehr zu sehen, da die Bäche unter den Boden verbannt worden sind. Fast immer gab der Wunsch nach Vergrösserung des Strassenraums den Ausschlag dafür. Durch die Eindolungen ist in vielen Gemeinden mehr verloren gegangen, als zunächst abgeschätzt werden konnte. Heute fehlt der Bach als optische Bereicherung des Dorfbilds. Der Wert eines eingedolten Gewässers als Lebensraum ist stark eingeschränkt. Der Bach-Ersatz, die breite Strasse, hat neue Gefahren ins Dorf gebracht.

Kapitel 5: Blicke auf den Siedlungsraum

Bild 246 (vgl. Bild 247): obere Hauptstrasse, Ettingen, 1941

In vielen Dörfern hat man den Bächen im Laufe der Zeit immer wieder etwas Platz weggenommen. Nicht selten wurde dann irgendwann einmal das ganze Bachbett zu einem Gerinne mit zwei hohen Wänden ausbetoniert, um so ein möglichst schnelles Abfliessen des Wassers zu gewährleisten.

Bild 247 (vgl. Bild 246): obere Hauptstrasse, Ettingen, 14.7.1995

Der Ettinger Dorfbach war schon um 1940 stark kanalisiert. Es war nur noch ein kleiner Schritt, ihn vollständig zu überdecken. Vielleicht wird er eines Tages wieder aus seinem unterirdischen Bett hervorgeholt, wie dies heute da und dort geschieht.

Natur im Siedlungsraum gestern und heute

Bild 248 (vgl. Bild 249):   ungeteerte Strasse am Erzenberg, Liestal, um 1910(?)

Als Strassen und Plätze noch nicht geteert waren, gab es an vielen Stellen Raum für eine trittunempfindliche...

Bild 249 (vgl. Bild 248):   geteerte Strasse am Erzenberg, Liestal, 20.10.1987

...Flora. Durch die Versiegelung des Strassenraums ist dieses unscheinbare Naturelement weitgehend verschwunden.

Kapitel 5: Blicke auf den Siedlungsraum

Bild 250 (vgl. Bild 251): vielfältiger Winkel im Oberdorf, Wintersingen, 1942

Auf Bild 250 ist ein kleiner Ausschnitt des Dorfs mit einer (scheinbaren) Unordnung zu sehen. Solche Winkel werden, mit dem Zunehmen von (scheinbarer) Ordnung, immer seltener. Es sind Bereiche, wo Bretter- oder Ziegelstapel und verschiedene Gerätschaften über längere Zeit unberührt liegen, wo es Unregelmässigkeiten im Mauerwerk, Ritzen in den Holzwänden und Spalten in den Dächern gibt. Genau an...

Bild 251 (vgl. Bild 250): im Oberdorf, Wintersingen, 24.6.1999

...solchen Orten finden Igel *(Erinaceus europaeus)* und zahlreiche andere Kleinsäuger (nicht nur Mäuse) sowie Vögel, Spinnen und Insekten im Siedlungsraum Unterschlupf. Hier stören sie niemanden und bleiben selber ungestört. Viele von ihnen – zum Beispiel Fledermäuse – sind hauptsächlich in der Nacht aktiv. (Diese Bildlegende ist nicht als Plädoyer für mehr Unordnung in den Dörfern zu verstehen, sondern als Ermunterung, am Haus und im Hof bewusst wieder mehr Nischen für Kleintiere zuzulassen oder gezielt zu errichten.)

Natur im Siedlungsraum gestern und heute

Bild 252 (vgl. Bild 253):   Bottmingen, um 1965(?)

Dieses Bildpaar zeigt verschiedene weiter vorn schon betrachtete Phänomene, wie das Zuwachsen der Fernsicht und den Siedlungswald. Es soll hier aber veranschaulichen, dass in den neuen Gärten der Einfamilienhausquartiere auch eine nicht geringe Vielfalt...

Bild 253 (vgl. Bild 252):   Bottmingen, 14.7.1995

...an grösseren und kleineren Lebensräumen neu entstanden ist. Deren ökologischer Wert ist allerdings sehr unterschiedlich. Ob insgesamt eine Aufwertung des Lebensraums eintritt, hängt nicht zuletzt von der Qualität der Landflächen vor der Überbauung ab.

Kapitel 5: Blicke auf den Siedlungsraum

Bild 254 (vgl. Bild 255):   Niederdorf, vor 1920(?)

Das Bildpaar aus Niederdorf kann als Zusammenfassung der verschiedenen in diesem Abschnitt gezeigten Aspekte zu den Veränderungen der Natur im Siedlungsraum gesehen werden. Die beiden Fotografien verlangen sehr sorgfältiges Vergleichen. Nachdem...

Natur im Siedlungsraum gestern und heute

Bild 255 (vgl. Bild 254):   Niederdorf, 2.7.1999

...die Betrachterin und der Betrachter dies durch das ganze Buch hindurch geübt haben, dürfte es ihnen aber nicht mehr schwer fallen. Man beachte etwa die Veränderungen im einstigen Obstbaum-Land, im Strassen- und Bahnraum oder im Uferbereich der Vorderen Frenke.

Anstelle einer Zusammenfassung

Am 14. Juli 1995 endete für Felix Gysin und den Schreibenden in Therwil die langwierige Suche eines frühen Aufnahmestandorts vor einem älteren Haus. Dessen Besitzerin, Frau Emma Renz, gewährte uns freundlich Einlass. Sie wurde 1914 geboren und erinnerte sich noch daran, dass in ihrer Kindheit eines Tages ein Fotograf gekommen sei, um von ihrer kleinen Terrasse aus eine Aufnahme zu machen (vgl. Bild 256). Ziemlich genau siebzig Jahre später (die alte Fotografie lässt sich auf 1924 oder 1925 datieren) konnten wir von eben dieser Terrasse aus ein Wiederholungsbild aufnehmen (vgl. Bild 257).

Wenn man die beiden Bilder miteinander vergleicht, scheinen die Veränderungen nicht sehr drastisch zu sein. Durch das Hochwachsen der Bäume ist die Aussicht des Mittelgrunds beraubt worden. Ein Blick auf die Landeskarte zeigt aber, dass hinter den Bäumen nicht mehr die kleinen Äcker von einst lie-

Anstelle einer Zusammenfassung

gen, sondern Häuser. 1920, kurz vor der Aufnahme der ersten Fotografie, hatte Therwil 1082 Einwohner, 1995 waren es 7655, also rund siebenmal mehr (Amt für Gewerbe, Handel und Industrie Baselland 1964 und Statistisches Amt Kanton Basel-Landschaft 1996). Die Landschaft ist einem beständigen Wandel ausgesetzt. Allein schon im Verlauf eines Menschenlebens kann sich ihr Gesicht grundlegend wandeln.

Veränderungen zu zeigen war in diesem Buch unser Anliegen. Aber Landschaft zwischen zwei Buchdeckel zu fassen, ist ein schwieriges Unterfangen. Es scheint nicht abwegig zu sein, im Anschluss an die vorangehenden Kapitel eine häufige Redensart in leicht abgeänderter Form zu zitieren: «Zwei Bilder sagen mehr als tausend Worte». Es zeigt sich in der Tat, dass Bildpaare einen weit grösseren Erkenntnisgewinn vermitteln können als reine Zahlen. (Es bewirkt zum Beispiel nicht dieselbe Vorstellung, ob man 3000 Obstbäume abgebildet sieht oder ob man ihre Anzahl in einer Tabelle liest.) Die angesprochene Informationsfülle, welche in Fotografien steckt, führte dazu, dass in den Legendentexten jeweils bewusst nur auf einige wenige Aspekte pro Bild(paar) besonders hingewiesen wurde. Darüber hinaus bestimmten die Betrachtenden die Intensität der Bildauswertung weitgehend selbst, denn sie alle stehen bezüglich Feinheit der Landschaftswahrnehmung an unterschiedlicher Stelle. Dieses Vorgehen liesse sich recht eigentlich zur Methode für die Auswertung von Landschaftsbildern erheben.

Die Veränderungen in der Landschaft zu *bewerten*, blieb weitgehend den Betrachtenden anheim gestellt. Dennoch drängen sich abschliessende Feststellungen auf:

Landschaft ist bei uns ohne die arbeitende Hand des Menschen nicht zu denken: Fast alle Landflächen werden sehr regelmässig in irgend einer Art bewirtschaftet. Die Summe der zahlreichen Eingriffe prägt von Augenblick zu Augenblick neue Landschaftsbilder. (An nicht wenigen der von uns aufgesuchten Fotostandorten wären heute schon wieder deutlich veränderte Bilder aufzunehmen.) Über mehrere Jahre hinweg betrachtet, zeigen sich einige sehr dominante, überall und immer wieder sichtbare Erscheinungen, zum Beispiel der Rückgang der Obstbäume oder das Wachsen des Siedlungsraums. Eingriffe finden flächendeckend oder partiell statt, sie sind reversibel oder (fast) irreversibel. Die Veränderungen treten mit unterschiedlicher Frequenz auf. Dass viele von ihnen seit dem Zweiten Weltkrieg besonders gehäuft vorkommen, ist allerdings augenfällig. In der maschinenlosen Zeit war man viel mehr dazu gezwungen, bei Eingriffen auf eine optimale Anpassung an die natürlich ge-

Anstelle einer Zusammenfassung

Bild 256 (vgl. Bild 257):   Therwil, um 1925

Therwil war eine von Landwirtschaft und Kleingewerbe dominierte Gemeinde. Aber schon vor 1925 waren ausserhalb des Ortskerns da und dort, regellos, im Landwirtschaftsland Wohnhäuser erbaut worden. Die Bewohnerin des Hauses, von dessen Terrasse aus das Bild aufgenommen worden war, erinnerte sich 1995 noch an des Erscheinen des Fotografen in ihrer Kindheit!

Bild 257 (vgl. Bild 256):   Therwil, 14.7.1995

Heute ist die ganze Fläche um die Kirche herum überbaut – wenn auch locker, wie ein Blick auf die Landeskarte zeigt. Die zahlreichen hochgewachsenen Bäume verstellen den Mittelgrund. In einem Lebensalter ist ein Landschaftsausschnitt grundlegend umstrukturiert worden.

Anstelle einer Zusammenfassung

gebenen Landschaftsstrukturen zu achten als heute. Jedenfalls liegt eine grosse Verantwortung bei jedem «eingreifenden» Menschen. Mit seinem Werk – und sei es noch so unscheinbar – hilft er mit, das Gesicht der Landschaft in Richtung mehr Vielfalt oder in Richtung mehr Monotonie zu verändern. Landschaftsausschnitte haben also unterschiedliche Qualitäten. In diesem Buch sollte der jeweiligen Landschaftsqualität im Blick auf die biologische Vielfalt besonderes Augenmerk geschenkt werden – wir sagten es in der Einleitung. Das Verschwinden von Landschaftselementen, welche für eine hohe Artenvielfalt wichtig sind, bedeutet eine Landschaftsverarmung. Viele der Bildpaare zeigen, in diesem Sinn, das Verarmen von Landschaftsausschnitten, teilweise in einem drastischen Ausmass. Dieser Verarmung entgegenzuwirken ist eine vornehme Aufgabe unserer und der kommenden Generationen. Es kann dabei nicht darum gehen, das Rad der Zeit zurück zu drehen. Vielmehr gilt es, neue Wege der Landschaftsentwicklung zu suchen. Die folgenden Fragen mögen, basierend auf Erkenntnissen aus den Bildvergleichen, Richtungen weisen:

- In welchen grösseren oder kleineren Landschaftskammern könnten Störungen, welche die Lebewelt beeinträchtigen, minimiert werden?
- Wo könnten die Gift- und Chemikalien-Einsätze (noch weiter) vermindert werden, und was wäre dies unserer Gesellschaft wert?
- Wie liessen sich die wenigen Reste von Bünten und Baumgärten um die Dörfer herum erhalten und – wo nötig – neuen Nutzungsformen zuführen?
- Wie soll es mit den Obstbäumen weitergehen? Wo sollen in Zukunft im Offenland noch (welche) Bäume stehen? Wo und wie könnten sich wieder regionale Vermarktungsstrukturen aufbauen lassen, um die Hochstämmer erhalten zu können?
- Wo könnte den Gewässern grosszügig Raum zurückgegeben werden?
- Welche Bedeutung und welchen Geldwert soll der Rohstoff Holz haben?
- Wo soll künftig in unseren Wäldern die Holznutzung deutlich erhöht, wo soll sie reduziert oder aufgegeben werden?
- Was wäre zu tun, damit in neu entstehenden Quartieren mehr Obstbäume erhalten und weniger «Exoten» gepflanzt werden?
- Wie liesse sich die Einsicht durchsetzen, dass das Fällen von Bäumen auch im Siedlungsraum wichtig ist, um Licht in die Gärten zu bringen und die Fernsicht zu erhalten?
- Wo darf es in unseren Ortschaften «vergessene Ecken» geben?

Anstelle einer Zusammenfassung

Die Frage der Verkraftbarkeit von Eingriffen in die Landschaft ist nicht nur im Blick auf Pflanzen- und Tierarten zu stellen, sondern auch im Blick auf den Menschen: Die schnellen Veränderungen von Landschaftsstrukturen führen für viele Menschen – oft schlagartig – zum Wegfallen von Teilen ihrer Heimat, und Heimatverlust bedeutet mit ein Verlust von Teilen der persönlichen Identität. Heute kommt es nicht selten vor, dass Menschen im Laufe ihres Lebens am eigenen Geburts- und lebenslangen Wohnort plötzlich zu «Fremden» werden. Diese Entfremdung von der eigenen Heimat kann auch durch einen Wandel in der «ästhetischen Ausstrahlung» der Landschaft erzeugt werden. Beim Betrachten von nicht wenigen Bildpaaren auf den vorangehenden Seiten muss das Schwinden von ästhetischem Reiz der abgebildeten Landschaftsausschnitte empfunden werden: Zahlreiche Orte haben etwas von ihrer früheren «Lieblichkeit» verloren. Diese Beobachtungen führen zu einer weiteren Reihe von exemplarischen Fragen:

- Wie könnten wir vom tief verankerten Bild der Landschaft als reiner Zwecklandschaft, also von den normierten Verhältnissen, wegkommen?
- Wie wäre zu erreichen, dass Kleinstrukturen der traditionellen Kulturlandschaft besser von der Bevölkerung wahrgenommen werden? Was wäre zu ihrer Erhaltung – im Wald und im Offenland – zu unternehmen?
- Mit welchen Schritten liesse sich exzessives Mobilitätsverhalten in «gesunde» Bahnen überführen?
- Wie liessen sich die Aussichtspunkte des Nahbereichs wieder aufwerten?
- Wie könnte beim Bauen nicht allein auf die geschützten Ortskerne Rücksicht genommen, sondern vermehrt auf Harmonie in der gesamten Landschaft geachtet werden? Wie liessen sich insbesondere bei Grossbauten ästhetische Aspekte vermehrt durchsetzen?
- Wie müsste sich die Identität eines Dorfs weiterentwickeln? Wo könnten die streng normierten Lösungen beim Bauen im Siedlungsraum durchbrochen werden?

Tabellen

Tabelle 1 (zu Grafik 1): Anzahl Landwirtschaftsbetriebe im Kanton Basel-Landschaft (ohne Bezirk Laufen)

Jahr:	1905	1929	1939	1955	1965	1975	1985	1990	1996
Betriebe:	5670	4978	4728	3514	2354	1869	1743	1587	1416
Quellen*:	[100]	[3]	[3]	[3]	[115]	[116]	[117]	[118]	[120]

1996: Anpassung gegenüber Quelle [120]: ohne Laufen, aber 300 Kleinstbetriebe dazugerechnet; sie werden in den neuen Statistiken nicht mehr berücksichtigt.

Tabelle 2 (zu Grafik 2): Anzahl Beschäftigte in der Landwirtschaft im Kanton Basel-Landschaft (ohne Bezirk Laufen)

Jahr:	1929	1939	1955	1965	1975	1985	1990	1996
Beschäftigte:	15708	16022	11639	7141	5037	4784	4047	3850
Quellen*:	[3]	[3]	[3]	[119]	[119]	[119]	[119]	[24]

Tabelle 3 (zu Grafik 3): zu bearbeitende Landwirtschaftsfläche pro Bewirtschafter im Kanton Basel-Landschaft (ohne Bezirk Laufen)

Jahr:	1929	1939	1955	1965	1975	1985	1990	1996
Aren:	142.9	138.74	181.83	284.1	387.8	407.2	424	497.3
Quellen*:	[3]	[3]	[3]	[115]	[116]	[117]	[118]	[24]

Tabelle 4 (zu Grafik 4): Parzellengrösse im Kanton Basel-Landschaft (ohne Bezirk Laufen)

Jahr:	1929	1939	1955	1965	1975	1985	1990
Aren:	50	55	71	103	144	157	154
Quellen*:	[3]	[3]	[3]	[100]	[100]	[100]	[100]

Tabelle 5a (zu Grafik 5): Anzahl Pferde im Kanton Basel-Landschaft (ohne Bezirk Laufen)

Jahr:	1876	1901	1921	1931	1941	1951	1961	1973	1983	1993
Pferde:	2085	2713	2841	3134	3408	2990	2186	1157	1324	1435
Quellen*:	[119]	[119]	[119]	[119]	[119]	[119]	[119]	[119]	[119]	[119]

Tabelle 5b (zu Grafik 5): Anzahl landwirtschaftlicher Fahrzeuge im Kanton Basel-Landschaft (ohne Bezirk Laufen)

Jahr:	1876	1900	1925	1930	1940	1950	1960	1970	1980	1993
landwirtschaftl. Fahrzeuge:			6	67	206	365	927	1595	2864	3220
Quellen*:			[3]	[115]	[115]	[115]	[115]	[115]	[118]	[118]

Tabellen

Tabelle 6 (zu Grafik 6): Menge der in die Schweiz eingeführten Stickstoff-, Phosphorsäure- und Kalidünger (Jahresmittel)

Jahr:	1911/22	1921/30	1931/40	1941/50	1951/59	1960/70	1971/80	1981/90	1997/98
1'000 Tonnen:	94.7	172.9	170.8	160	302.5	386.4	447.4	474.3	310.7
Quellen*:	[12]	[12]	[12]	[12]	[12]	[12]	[111]	[111]	[111]

Tabelle 7 (zu Grafik 7): Fläche des offenen Ackerlands im Kanton Basel-Landschaft (ohne Bezirk Laufen)

Jahr:	1905	1929	1939	1942	1955	1965	1969	1975	1980	1985	1990	1996
Hektaren:	7100	4218	4761	7336	5744	5613	5620	5566	5674	5661	5992	5775
Quellen*:	[100]	[17]	[17]	[17]	[120]	[120]	[120]	[120]	[120]	[119]	[120]	[120]

Tabelle 8 (zu Grafik 8): Weidelandfläche im Kanton Basel-Landschaft (ohne Bezirk Laufen)

Jahr:	1905	1929	1939	1955	1965	1975	1985	1990	1996
Hektaren:	1187	1008	376	747	2325	2705	2091	2134	2513
Quellen*:	[3]	[3]	[3]	[3]	[119]	[119]	[119]	[119]	[120]

Tabelle 9 (zu Grafik 9): Maisanbaufläche (Silo- und Grünmais) im Kanton Basel-Landschaft (ohne Bezirk Laufen)

Jahr:	1939	1955	1965	1969	1975	1980	1990	1996
Hektaren:	41	151	285	427	813	1036	947	1013
Quellen*:	[17]	[17]	[17]	[17]	[17]	[17]	[19]	[24]

Tabelle 10 (zu Grafik 10): Kartoffelanbaufläche im Kanton Basel-Landschaft (ohne Bezirk Laufen)

Jahr:	1919	1939	1945	1947	1950	1960	1969	1980	1990	1996
Hektaren:	1253	876	1505	1210	965	866	419	195	116	92.73
Quellen*:	[38]	[38]	[38]	[38]	[38]	[41]	[44]	[16]	[19]	[24]

Tabelle 11 (zu Grafik 11): Anzahl Rindviehbesitzer und Rindviehbestand im Kanton Basel-Landschaft (ohne Bezirk Laufen)

Jahr:	1876	1901	1921	1931	1941	1951	1961	1973	1983	1993	1996
Rindviehbesitzer:	4321	4401	4198	3761	3347	2808	2125	1344	1049	855	785
Rindvieh:	14739	19739	22299	24180	22593	21134	22888	24916	28186	26403	25966
Quellen*:	[119]	[119]	[119]	[119]	[119]	[119]	[119]	[119]	[119]	[119]	[24]

Tabelle 12 (zu Grafik 12): Gemüseanbaufläche im Kanton Basel-Landschaft (ohne Bezirk Laufen)

Jahr:	1919	1926	1934	1945	1947	1950	1969	1980	1990
Hektaren:	127	182	233	499	331	246	157	152	164
Quellen*:	[32]	[32]	[32]	[38]	[38]	[38]	[44]	[16]	[19]

Tabelle 13 (zu Grafik 13): Obstbaumbestand im Kanton Basel-Landschaft (ohne Bezirk Laufen)

Jahr:	1862	1886	1951	1961	1971	1981	1991
Obstbäume:	410598	546100	744000	618400	343600	277700	223800
Quellen*:	[91]	[119]	[119]	[119]	[119]	[119]	[119]

Die Zählung erfasste nur den Feldobstbau (also keine Bäume in Hausgärten und keine Intensivkulturen).

Tabellen

Tabelle 14 (zu Grafik 14): Reblandfläche im Kanton Basel-Landschaft (ohne Bezirk Laufen)

Jahr:	1845	1858	1884	1894	1905	1913	1920	1930	1940	1950	1960	1970	1981	1990	1997
Hektaren:	792	641	700	415	307	170	90	76	89	80.33	55.62	48.84	62.12	77.76	90.94
Quellen*:	[100]	[100]	[100]	[100]	[100]	[100]	[100]	[3]	[3]	[118]	[118]	[118]	[118]	[118]	[150]

Tabelle 15 (zu Grafik 15): Anzahl Personenwagen im Kanton Basel-Landschaft (ohne Bezirk Laufen)

Jahr:	1904	1910	1920	1925	1930	1940	1950	1960	1970	1980	1990	1997
Personenwagen:	4	31	120	398	1528	1561	4098	15 447	46 756	79 405	97 512	108 450
Quellen*:	[3]	[3]	[3]	[3]	[3]	[3]	[3]	[3]	[116]	[118]	[118]	[120]

Tabelle 16 (zu Grafik 16): Holzvorrat im Kanton Basel-Landschaft

Jahr:	1922	1932	1940	1953	1983-85	1993-95
Kubikmeter pro Hektare:	175	199	217	260	322.8	371.2
Quellen*:	[121]	[122]	[122]	[122]	[9]	[9]

[121] und [122] ohne, [9] einschliesslich Bezirk Laufen

Tabelle 17 (zu Grafik 17): Einwohnerzahl im Kanton Basel-Landschaft und in seinen Bezirken

Jahr:	1850	1880	1900	1920	1930	1941	1950	1960	1970	1980	1990	1997
Arlesheim:	12003	19972	26439	36558	45321	46715	53547	83583	122958	134435	140147	141713
Liestal:	11792	14472	16115	18817	20679	21473	25407	32498	45135	48493	51671	53836
Sissach:	14331	15291	16563	17340	17094	16872	18462	21337	24746	24701	28078	30606
Waldenburg:	9759	9436	9380	9675	9447	9399	10133	10864	12050	12193	13592	14767
Laufen:			7766				10839			13625	14860	16900
Kanton (ohne Bez. Laufen):	47885	59171	68497	82390	92541	94459	107549	148282	204889	219822	235421	240922
Quellen*:	[21]	[21]	[21]	[21]	[21]	[21]	[21]	[21]	[21]	[21]	[120]	[120]

Tabelle 18 (zu Grafik 18): Steuerertrag im Kanton Basel-Landschaft (indexiert)

Jahr:	1930	1940	1950	1960	1970	1975	1980	1985	1990	1995
Steuerertrag real (in Mio. Fr.):	3.6	4.1	14.7	36.3	136	304.4	356	504.4	655.2	815.7
Landesindex:	100.0	95.2	137.7	158.8	220.5	319.3	358.3	441.9	500.2	584.2
Steuerertrag zu Preisen 1930 (in Mio. Fr.):	3.6	4.3	10.7	22.9	61.7	95.3	99.3	114.1	131.0	139.6
Quellen (Steuerertrag)*:	[3]	[3]	[3]	[3]	[116]	[116]	[119]	[119]	[119]	[120]
Quellen (Landesindex)*:	[100]	[100]	[100]	[100]	[100]	[100]	[100]	[100]	[100]	[25]

Landesindex = Landesindex der Konsumentenpreise (umgerechnet auf 1930 = 100%)

Tabelle 19a (zu Grafik 19): Anzahl bewohnter Gebäude im Kanton Basel-Landschaft (ohne Bezirk Laufen)

Jahr:	1860	1880	1900	1920	1930	1941	1950	1960	1970	1980	1990
bewohnte Gebäude:	6222	7047	7935	10681	13756	16046	18465	23638	30408	37383	43152
Quellen*:	[42]	[42]	[42]	[42]	[42]	[42]	[42]	[42]	[45]	[18]	[22]

Tabelle 19b (zu Grafik 19): Anzahl Personen pro Haushalt im Kanton Basel-Landschaft (ohne Bezirk Laufen)

Jahr:	1870	1900	1920	1930	1941	1950	1960	1970	1980	1990
Personen pro Haushalt:	5.3	5.0	4.6	4.2	3.7	3.7	3.5	3.2	2.7	2.4
Quellen*:	[3]	[3]	[3]	[3]	[3]	[3]	[3]	[119]	[119]	[119]

Tabellen

Tabelle 20 (zu Grafik 20): Anzahl Einwohner nach Heimatort im Bezirk Waldenburg

Jahr:	1920	1930	1941	1950	1960	1970	1980
Bürger der Wohngemeinde:	4779	4213	3688	3448	3014	2751	2655
Bürger anderer Gemeinden des Wohnkantons:	2924	3102	3225	3455	3635	3607	3499
Bürger anderer Kantone:	1739	1893	2296	2947	3565	4109	4933
Ausländer:	233	239	190	283	650	1583	1106
Quellen*:	[48]	[36]	[37]	[39]	[42]	[46]	[15]

Diese Statistik wird nicht mehr aktualisiert.

Tabelle 21 (zu Grafik 21): Anzahl Einwohner nach Heimatort im Bezirk Arlesheim

Jahr:	1920	1930	1941	1950	1960	1970	1980
Bürger der Wohngemeinde:	8356	8086	7817	8015	7515	9051	14497
Bürger anderer Gemeinden des Wohnkantons:	6799	7823	8334	8807	10598	11073	11797
Bürger anderer Kantone:	14920	22687	26732	32315	53883	80421	89663
Ausländer:	6483	6725	3832	4410	11587	22413	18478
Quellen*:	[48]	[36]	[37]	[39]	[42]	[46]	[15]

Diese Statistik wird nicht mehr aktualisiert.

Tabelle 22 (zu Grafik 22): Anzahl Telefonanschlüsse im Kanton Basel-Landschaft (ohne Bezirk Laufen)

Jahr:	1966	1970	1980	1990	1993
Hauptanschlüsse, absolute Zahl:	41809	56718	91474	118766	125653
Hauptanschlüsse pro 100 Einwohner:	23.5	27.8	41.6	51.5	53.6
Quellen*:	[98]	[98]	[98]	[98]	[98]

Tabelle 23 (zu Grafik 23): Anzahl Vollzeitbeschäftigte und Arbeitsstätten im Sektor 2 (Industrie und Gewerbe) im Kanton Basel-Landschaft (ohne Bezirk Laufen)

Jahr:	1905	1929	1939	1955	1965	1975	1985	1991	1995
Vollzeitbeschäftigte:	10756	20369	18919	33091	46328	41935	38769	42376	34286
Arbeitsstätten:	2365	2296	2366	2588	2573	2317	2125	2273	2402
Quellen*:	[119]	[119]	[119]	[119]	[119]	[119]	[119]	[119]	[23]

* Die aufgeführten Quellen-Nummern entsprechen den Nummern im Literaturverzeichnis.

Literaturverzeichnis

[1] Abt-Frössl, Viktor (1988): Agrarrevolution und Heimindustrie. Quellen und Forschungen zur Geschichte und Landeskunde des Kantons Basel-Landschaft 31, Liestal.

[2] Althaus, Heinrich (1980): Heimatkunde Bretzwil. Liestal.

[3] Amt für Gewerbe, Handel und Industrie Baselland (1964): Statistisches Jahrbuch des Kantons Basel-Landschaft 1963. 1. Jg., Liestal.

[4] Annaheim, Hans (1967): Strukturatlas Nordwestschweiz, Oberelsass, Südschwarzwald. Basel und Stuttgart.

[5] Apotheker, Jakob (1950): Johann Jakob Schäfer, der Orismüller. Baselbieter Heimatbuch 5, Liestal, S. 100-140.

[6] Auer, Felix (1964): Baselland – Durchgangsland einst und jetzt. In: Beiträge zur Entwicklungsgeschichte des Kantons Basel-Landschaft, herausgegeben von der Basellandschaftlichen Kantonalbank aus Anlass ihres hundertjährigen Bestehens, Liestal, S. 241-295.

[7] Ballmer, Adolf (1964): Die gewerbliche und industrielle Gütererzeugung im Wandel der Zeiten. In: Beiträge zur Entwicklungsgeschichte des Kantons Basel-Landschaft, herausgegeben von der Basellandschaftlichen Kantonalbank aus Anlass ihres hundertjährigen Bestehens, Liestal, S. 89-240.

[8] Blumer-Onofri, Florian (1994): Die Elektrifizierung des dörflichen Alltags. Quellen und Forschungen zur Geschichte und Landeskunde des Kantons Basel-Landschaft 47, Liestal.

[9] Brassel, Peter & Urs-Beat Brändli (1999): Schweizerisches Landesforstinventar. Ergebnisse der Zweitaufnahme 1993-1995. Hg.: Eidgenössische Forschungsanstalt für Wald, Schnee und Landschaft, WSL, Birmensdorf, Bundesamt für Umwelt, Wald und Landschaft, BUWAL, Bern. Bern, Stuttgart, Wien.

[10] Briggen, D. (1862): Heimatkunde von Ziefen. Handschriftliche Heimatkunden des Kantons Basel-Landschaft, Band 3, Staatsarchiv Basel-Landschaft, Liestal, S. 1242-1270.

[11] Bruckner, Daniel (1748-1763): Versuch einer Beschreibung historischer und natürlicher Merkwürdigkeiten der Landschaft Basel. 23 Stücke, Basel.

[12] Brugger, Hans (1985): Die schweizerische Landwirtschaft 1914 bis 1980. Frauenfeld.

[13] Buess, Otto (1968): Der Pflanzenbau. In: Festschrift des Kantonalen Landwirtschaftlichen Vereins Baselland und der Kantonalen Landwirtschaftlichen Schule Baselland, Liestal, S. 75-85.

[14] Buess, Peter (1968): Betriebswirtschaftliche Verhältnisse. In: Festschrift des Kantonalen Landwirtschaftlichen Vereins Baselland und der Kantonalen Landwirtschaftlichen Schule Baselland, Liestal, S. 55-74.

[15] Bundesamt für Statistik (o.J.): Eidgenössische Volkszählung 1980. Bern.

[16] Bundesamt für Statistik (1981): Eidgenössische Landwirtschafts- und Gartenbauzählung 1980, Hauptergebnisse nach Gemeinden, Band 1. Statistische Quellenwerke der Schweiz, Heft 670, Bern.

[17] Bundesamt für Statistik (1983): Eidgenössische Landwirtschafts- und Gartenbauzählung 1980, Textbeiträge und retrospektive Vergleiche. Beiträge zur schweizerischen Statistik, Heft 109, Bern.

[18] Bundesamt für Statistik (1984): Eidgenössische Volkszählung 1980, Band 5, Gebäude. Statistische Quellenwerke der Schweiz, Heft 705, Bern.

[19] Bundesamt für Statistik (1992): Eidgenössische Landwirtschafts- und Gartenbauzählung 1990, Kulturland nach Gemeinden, Statistische Resultate. Amtliche Statistik der Schweiz, Nr. 390, Bern.

[20] Bundesamt für Statistik (1993): Betriebszählung 1991, Die Kantone im Vergleich 1985/91, Bereich 3 – Erwerbsleben, Arbeitsstätten und Vollzeitbeschäftigte nach Wirtschaftsarten. Bern.

Literaturverzeichnis

[21] Bundesamt für Statistik (1995a): Eidgenössische Volkszählung 1990, Bevölkerungsentwicklung 1850-1990, Bereich 1, Die Bevölkerung der Gemeinden. Bern.

[22] Bundesamt für Statistik (1995b): Eidgenössische Volkszählung 1990, Kantonsprofile, Bereich 0 (Bereichsübergreifende Themen). Bern.

[23] Bundesamt für Statistik (1995c): Eidgenössische Betriebszählung 1995. Bern.

[24] Bundesamt für Statistik (1996): Eidgenösische Landwirtschafts- und Gartenbauzählung. Bern.

[25] Bundesamt für Statistik (1999): Landesindex der Konsumentenpreise, Totalindex Basis Juni 1914=100%. Neuchâtel.

[26] Bundesamt für Umwelt, Wald und Landschaft, Hg. (1995): Naturnahe Gestaltung im Siedlungsraum. Leitfaden Umwelt 5, Bern.

[27] Burckhardt, G. (1933): Basler Heimatkunde. Eine Einführung in die Geographie der Stadt Basel und ihrer Umgebung. Band 3, Basel.

[28] Burnand, Jacques & Beate Hasspacher (1999): Waldstandorte beider Basel. Quellen und Forschungen zur Geschichte und Landeskunde des Kantons Basel-Landschaft 72, Liestal.

[29] Buser-Gutzwiller, Otto (1999): An den Wassern von Terwiller... In: Zumthor, Franz: Heimatkunde Therwil, Liestal, S. 241-247.

[30] Christen, Hanns U., Hofer, Robert & Nicolas Crispini (1986): Basel. Gestern und heute aus dem gleichen Blickwinkel. Genf.

[31] Direktion des Innern Basel-Landschaft, Hg. (1898): Die forstlichen Verhältnisse im Kanton Baselland. Liestal.

[32] Direktion des Innern Basel-Landschaft (1944): Statistische Veröffentlichungen 1942/43. Heft 3, Liestal.

[33] Doelker, Christian (1997): Ein Bild ist mehr als ein Bild. Stuttgart.

[34] Düblin, M. (1863): Heimatkunde von Eptingen. Handschriftliche Heimatkunden des Kantons Basel-Landschaft, Band 6, Staatsarchiv Basel-Landschaft, Liestal, S. 135-148.

[35] Eidgenössisches Meliorationsamt (1947): Das ausserordentliche Meliorationsprogramm. Bericht über das Meliorationswesen der Schweiz 1940-1946. Bern.

[36] Eidgenössisches Statistisches Amt (1933): Eidgenössische Volkszählung vom 1.12.1930. Band 7, Baselstadt, Baselland. Statistische Quellenwerke der Schweiz, Heft 43, Bern.

[37] Eidgenössisches Statistisches Amt (1945): Eidgenössische Volkszählung vom 1.12.1941. Band 6, Baselstadt, Baselland. Statistische Quellenwerke der Schweiz, Heft 150, Bern.

[38] Eidgenössisches Statistisches Amt (1952): Anbaustatistik der Schweiz 1950. Statistische Quellenwerke der Schweiz, Heft 240, Bern.

[39] Eidgenössisches Statistisches Amt (1955): Eidgenössische Volkszählung 1950. Band 4, Baselstadt, Baselland. Statistische Quellenwerke der Schweiz, Heft 268, Bern.

[40] Eidgenössisches Statistisches Amt (1960): 4. Eidgenössische Betriebszählung 1955. Band 4, Die Gewerbebetriebe in den Kantonen. Statistische Quellenwerke der Schweiz, Heft 316, Bern.

[41] Eidgenössisches Statistisches Amt (1963a): Arbeitskräfte in der Landwirtschaft 1960/61/62, Traktoren, Melkmaschinen, Bodenbenützung 1960. Statistische Quellenwerke der Schweiz, Heft 344, Bern.

[42] Eidgenössisches Statistisches Amt (1963b): Eidgenössische Volkszählung 1960. Band 5, Kanton Basel-Landschaft. Statistische Quellenwerke der Schweiz, Heft 355, Bern.

[43] Eidgenössisches Statistisches Amt (1967): Eidgenössische Betriebszählung 1965. Band 3, Betriebe – Hauptergebnisse nach Kantonen. Statistische Quellenwerke der Schweiz, Heft 411, Bern.

[44] Eidgenössisches Statistisches Amt (1970): 4. Eidgenössische Landwirtschaftszählung vom 30. Juni 1969, 1. Teil, Bodenbenützung 1969. Statistische Quellenwerke der Schweiz, Heft 450, Bern.

[45] Eidgenössisches Statistisches Amt (1974a): Eidgenössische Volkszählung 1970. Band 10, Kantone – Gebäude und Wohnungen. Statistische Quellenwerke der Schweiz, Heft 530, Bern.

[46] Eidgenössisches Statistisches Amt (1974b): Eidgenössische Volkszählung 1970. Band 7a, Kantone – Heimat, Geburtsort, etc. Statistische Quellenwerke der Schweiz, Heft 545, Bern.

[47] Eidgenössisches Statistisches Amt (1977): Eidgenössische Betriebszählung 1975. Band 3, Arbeitsstätten – Hauptergebnisse für die Kantone. Statistische Quellenwerke der Schweiz, Heft 607, Bern.

[48] Eidgenössisches Statistisches Bureau (o. J.): Eidgenössische Volkszählung vom 1.12.1920, Kantonsweise Ergebnisse. Heft 6, Solothurn, Baselstadt, Baselland. Bern.

[49] Einwohnergemeinde Brislach (1991): Brislach 1991. Brislach.

[50] Eppens, Hans (1941/1942): Denkmalverzeichnis des Kantons Baselland (unpubl.). Denkmalpflege des Kantons Basel-Landschaft, Liestal.

[51] Epple, Ruedi (1993): Basel-Landschaft in historischen Dokumenten. 4. Teil: 1915-1945. Quellen und Forschungen zur Geschichte und Landeskunde des Kantons Basel-Landschaft 20/4, Liestal.

Literaturverzeichnis

[52] Epple, Ruedi (1996): Die Baselbieter Landwirtschaft im ausgehenden 19. Jahrhundert. In: Epple, Ruedi & Albert Schnyder: Wandel und Anpassung. Quellen und Forschungen zur Geschichte und Landeskunde des Kantons Basel-Landschaft 58, Liestal, S. 193-378.

[53] Epple, Ruedi (1998): Basel-Landschaft in historischen Dokumenten. 5. Teil: 1946-1985. Quellen und Forschungen zur Geschichte und Landeskunde des Kantons Basel-Landschaft 20/5, Liestal.

[54] Evéquoz, Etienne (1988): Die Landschaftsveränderungen des oberen Baselbiets in den Jahren 1880 bis 1980. Tätigkeitsberichte der Naturforschenden Gesellschaft Baselland 35, S. 119-147.

[55] Ewald, Klaus (1978): Der Landschaftswandel. Zur Veränderung schweizerischer Kulturlandschaften im 20. Jahrhundert. Tätigkeitsberichte der Naturforschenden Gesellschaft Baselland 30, S. 55-308.

[56] Ewald, Klaus (1982): Natur- und Landschaftsschutzprobleme der Basler Agglomeration. Regio Basiliensis 23/1+2, S. 70-87.

[57] Fischer-Sigwart, Hermann (1923): Die Fischotter. Separatdruck aus: Die Tierwelt, 8 S.

[58] Gemeinde Hölstein, Hg. (1998): Heimatkunde Hölstein. Liestal.

[59] Gerber, Roland (1993): Oberdorf im Baselbieter Jura. Heimatkunde. Liestal.

[60] Gilgen, Christian (1999): Waldgeschichte. In: Burnand, Jacques & Beate Hasspacher: Waldstandorte beider Basel. Quellen und Forschungen zur Geschichte und Landeskunde des Kantons Basel-Landschaft 72, Liestal, S. 48-56.

[61] Glauser, Peter (1993): Landschaftsbeobachtung im Rahmen einer integrierten, langfristigen Umweltbeobachtung Schweiz. Wirtschaftsgeographie und Raumplanung 16. Zürich.

[62] Gutzwiler, Emanuel (1869): Heimatkunde von Therwil. Handschriftliche Heimatkunden des Kantons Basel-Landschaft, Band 6, Staatsarchiv Basel-Landschaft, Liestal, S. 693-757.

[63] Haefeli, Ueli (1996): Ein Dorf wird Vorstadt. Suburbanisierung am Beispiel der bernischen Agglomerationsgemeinde Münchenbuchsee. Münchenbuchsee.

[64] Hart, Richard H. & William A. Laycock (1996): Repeat photography on range and forest lands in the western United States. Journal of Range Management 49/1, S. 60-67.

[65] Hausser, Jacques (1995): Säugetiere der Schweiz. Verbreitung, Biologie, Ökologie. Basel, Boston, Berlin.

[66] Heller-Richoz, Max (1999): Der Name der Ergolz. Baselbieter Heimatblätter 64/3, S.126-129.

[67] Hintermann, Kurt (1966): Zur Kulturgeographie des oberen Baselbietes. Quellen und Forschungen zur Geschichte und Landeskunde des Kantons Basel-Landschaft 7, Liestal.

[68] Huber, E. (1964): Die Bedeutung der Landwirtschaft. In: Beiträge zur Entwicklungsgeschichte des Kantons Basel-Landschaft, herausgegeben von der Basellandschaftlichen Kantonalbank aus Anlass ihres hundertjährigen Bestehens, Liestal, S. 63-88.

[69] Huber, Heinrich (1863): Heimatkunde von Reigoldswil. Handschriftliche Heimatkunden des Kantons Basel-Landschaft, Band 6, Staatsarchiv Basel-Landschaft, Liestal, S. 417-468.

[70] Hurni, Bendicht & Thomas Amiet (1989) Fliessgewässer. In: Imbeck, Paul: Natur aktuell. Quellen und Forschungen zur Geschichte und Landeskunde des Kantons Basel-Landschaft 32, Liestal, S. 127-137.

[71] Imbeck, Paul (1989): Natur aktuell. Quellen und Forschungen zur Geschichte und Landeskunde des Kantons Basel-Landschaft 32, Liestal.

[72] Imbeck, Paul & Niklaus Hufschmid (1990): Natur konkret. Natur- und Landschaftsschutzkonzept Kanton Basel-Landschaft. Liestal.

[73] Jenni, Paul (1992): Heimatkunde von Langenbruck. Liestal.

[74] Kanton Basel-Landschaft (1856): Gesetz über die Gewässer und die Wasserbau-Polizei vom 9. Juni 1856. Liestal.

[75] Kanton Basel-Landschaft (1895): Felderregulierungsgesetz vom 2. September 1895. Liestal.

[76] Kanton Basel-Landschaft (1998): Kantonales Waldgesetz (kWaG) vom 11. Juni 1998. Liestal.

[77] Kettiger, Johannes (1857): Landwirthschaftliche Zustände in Basel-Land. Liestal. 2. Aufl. 1984, Sissach.

[78] Klaus, Fritz (1970): Heimatkunde von Liestal. Liestal.

[79] Klaus, Fritz (1982): Basel-Landschaft in historischen Dokumenten. 1. Teil: 1798-1848. Quellen und Forschungen zur Geschichte und Landeskunde des Kantons Basel-Landschaft 20/1, Liestal.

[80] Klaus, Fritz (1983): Basel-Landschaft in historischen Dokumenten. 2. Teil: 1849-1882. Quellen und Forschungen zur Geschichte und Landeskunde des Kantons Basel-Landschaft 20/2, Liestal.

[81] Klaus, Fritz (1985): Basel-Landschaft in historischen Dokumenten. 3. Teil: 1883-1914. Quellen und Forschungen zur Geschichte und Landeskunde des Kantons Basel-Landschaft 20/3, Liestal.

[82] Klein, Andres (1985): Inventar der Trockenstandorte im Kanton Basellandschaft. Tätigkeitsberichte der Naturforschenden Gesellschaft Baselland 33, S. 77-116.

Literaturverzeichnis

[83] Kommission für ökologischen Ausgleich Basel-Landschaft (1999): 10 Jahre ökologischer Ausgleich im Kanton Basel-Landschaft. Liestal.

[84] Kunz, Max B. & Paul Mory (1982): Die Felderregulierung Arisdorf. Arisdorf.

[85] Landolt, Elias (1887): Die Bäche, Schneelawinen und Steinschläge und die Mittel zur Verminderung der Schädigungen durch dieselben. Zürich.

[86] Leber, A. (1863): Heimatkunde von Sissach. Handschriftliche Heimatkunden des Kantons Basel-Landschaft, Band 5, Staatsarchiv Basel-Landschaft, Liestal, S. 231-281.

[87] Leu-Repo, Robert (1989): Der Landschaftswandel. In: Imbeck, Paul: Natur aktuell. Quellen und Forschungen zur Geschichte und Landeskunde des Kantons Basel-Landschaft 32, Liestal, S. 114-121.

[88] Leuthardt, Franz (1930): Der Boden von Liestal. Tätigkeitsberichte der Naturforschenden Gesellschaft Baselland 8, S. 150-189.

[89] Marek, Daniel (1992): Kohle: die Industrialisierung der Schweiz aus der Energieperspektive 1850-1900. Inauguraldissertation, Bern.

[90] Meier-Küpfer, Hans (1985): Florenwandel und Vegetationsveränderungen in der Umgebung von Basel seit dem 17. Jahrhundert. Beiträge zur geobotanischen Landesaufnahme der Schweiz 62.

[91] Meyer, Alfred (1968): Aus der Geschichte der Obstwirtschaft. In: Festschrift des Kantonalen Landwirtschaftlichen Vereins Baselland und der Kantonalen Landwirtschaftlichen Schule Baselland, Liestal, S. 86-98.

[92] Minder, Rudolf (1989): Fische. In: Imbeck, Paul: Natur aktuell. Quellen und Forschungen zur Geschichte und Landeskunde des Kantons Basel-Landschaft 32, Liestal, S. 276-284.

[93] Muggli, Hugo W., Heim, Hugo & Felix Falter (1989): Geographie von Basel und seiner Region. Eine geographische Heimatkunde. Basel.

[94] Näscher, Siegfried (1968): Der Gemüsebau. In: Festschrift des Kantonalen Landwirtschaftlichen Vereins Baselland und der Kantonalen Landwirtschaftlichen Schule Baselland, Liestal, S. 107-110.

[95] Niederer, Johann Gustav (1863): Heimatkunde von Lampenberg. Handschriftliche Heimatkunden des Kantons Basel-Landschaft, Band 6, Staatsarchiv Basel-Landschaft, Liestal, S. 195-217.

[96] Nussbaumer, Jakob (1963): Die Lebensverhältnisse der Bauernfamilien im Homburgertal. Quellen und Forschungen zur Geschichte und Landeskunde des Kantons Basel-Landschaft 6, Liestal.

[97] Oberer, Christoph (1987): Das Phänomen der Periurbanisation oder die Vereinzelung der Menschen. Baselbieter Heimatbuch 16, S. 47-66.

[98] PTT-Generaldirektion (1967,1971,1981,1991,1994): Statistische Jahrbücher (der PTT). Bern.

[99] Rieder, Marilise & Hans Peter Rieder (1992): Baselbieter Bauerngärten und ihre Pflanzen. Tätigkeitsberichte der Naturforschenden Gesellschaft Baselland 37, S. 103-123.

[100] Ritzmann Heiner, Hg. (1996): Historische Statistik der Schweiz. Zürich.

[101] Röthlisberger, Gerhard (1991): Chronik der Unwetterschäden in der Schweiz. Berichte der Eidgenössischen Forschungsanstalt für Wald, Schnee und Landschaft 330.

[102] Salathé, René (1976): Augst und Kaiseraugst im 19. und 20. Jahrhundert. In: Laur-Belart, Rudolf, Senti, Anton, Salathé, René & Walter Koch: Geschichte von Augst und Kaiseraugst. Quellen und Forschungen zur Geschichte und Landeskunde des Kantons Basel-Landschaft 4, 2. Aufl., Liestal, S. 140-216.

[103] Salathé, René (1983): Baselbieter Rebberge. Das schöne Baselbiet 13, Liestal.

[104] Sarasin, Paul (o.J., ca. 1917): Die Ausrottung des Fischotters in der Schweiz. Schweizerischer Bund für Naturschutz, Basel.

[105] Schilling, S. (1863): Heimatkunde von Oltingen. Handschriftliche Heimatkunden des Kantons Basel-Landschaft, Band 4, Staatsarchiv Basel-Landschaft, Liestal, S. 719-781.

[106] Schmassmann, Heinrich (1863): Heimatkunde von Zunzgen. Handschriftliche Heimatkunden des Kantons Basel-Landschaft, Band 5, Staatsarchiv Basel-Landschaft, Liestal, S. 805-844.

[107] Schmid, This (1998): Wieso ausgerechnet 1899? Baselbieter Heimatblätter 63/4, S.129-133.

[108] Schneider, Heinz & Beat Ernst (1999): Natur und Landschaft der Region Basel. Ein Multimediaprogramm auf CD-ROM. Basel.

[109] Schulz-Stutz, Wilhelm (1931): Ernste und heitere Notizen zur Geschichte von Baselland und von Liestal 1832 bis 1835. 2. Aufl., Liestal.

[110] Schwarz, Eugen (1999): Grüsse aus dem Baselbiet. 4. Aufl., Waldenburg.

[111] Schweizerischer Bauernverband (1998): Statistische Erhebungen und Schätzungen über Landwirtschaft und Ernährung. Schweizerischer Bauernverband, Abteilung Statistik und Dokumentation, Brugg.

[112] Senn, W. (1871): Heimatkunde von Ramlinsburg. Handschriftliche Heimatkunden des Kantons Basel-Landschaft, Band 3, Staatsarchiv Basel-Landschaft, Liestal, S. 1109-1161.

[113] SIA, Schweizerischer Ingenieur- und Architekten-Verein (1998):

Literaturverzeichnis

Meliorationen im Einklang mit Natur und Landschaft. Dokumentation D 0151, Bern.

[114] Siegrist, Georg (1964): Die Bevölkerungsentwicklung. In: Beiträge zur Entwicklungsgeschichte des Kantons Basel-Landschaft, herausgegeben von der Basellandschaftlichen Kantonalbank aus Anlass ihres hundertjährigen Bestehens, Liestal, S. 37-62.

[115] Statistisches Amt Kanton Basel-Landschaft (1971): Statistisches Jahrbuch des Kantons Basel-Landschaft 1970. 8. Jg., Liestal.

[116] Statistisches Amt Kanton Basel-Landschaft (1981): Statistisches Jahrbuch des Kantons Basel-Landschaft 1980/81. 18. Jg., Liestal.

[117] Statistisches Amt Kanton Basel-Landschaft (1990): Statistisches Jahrbuch des Kantons Basel-Landschaft 1990. 27. Jg., Liestal.

[118] Statistisches Amt Kanton Basel-Landschaft (1995): Statistisches Jahrbuch des Kantons Basel-Landschaft 1995. 32. Jg., Liestal.

[119] Statistisches Amt Kanton Basel-Landschaft (1996): Statistisches Jahrbuch des Kantons Basel-Landschaft 1996. 33. Jg., Liestal.

[120] Statistisches Amt Kanton Basel-Landschaft (1998): Statistisches Jahrbuch des Kantons Basel-Landschaft 1998. 35. Jg., Liestal.

[121] Stoeckle, Friedrich (1950): Bericht zum 25jährigen Bestehen des Basellandschaftlichen Waldwirtschaftsverbandes. Liestal.

[122] Stoeckle, Friedrich (1959): Die Entwicklung der basellandschaftlichen Waldwirtschaft 1899-1954. Liestal.

[123] Strahm, Rudolf H. (1987): Wirtschaftsbuch Schweiz. Zürich.

[124] Straumann, Lukas (1994): Pestizideinsatz in der Schweiz. In: Andersen, Arne, Hg.: Perlon, Petticoats und Pestizide. Mensch-Umwelt-Beziehung in der Region Basel der 50er Jahre. Basel, Berlin, S. 196.

[125] Streiff, Felix (1968). Meliorationswesen. In: Festschrift des Kantonalen Landwirtschaftlichen Vereins Baselland und der Kantonalen Landwirtschaftlichen Schule Baselland, Liestal, S. 111-121.

[126] Sukopp, Herbert & Rüdiger Wittig, Hg. (1998): Stadtökologie: ein Fachbuch für Studium und Praxis. 2. Aufl., Stuttgart.

[127] Suter, Paul (1926): Beiträge zur Landschaftskunde des Ergolzgebietes. Dissertation Universität Basel, 2. Aufl. in Quellen und Forschungen zur Geschichte und Landeskunde des Kantons Basel-Landschaft 12 (1971), Liestal.

[128] Suter, Paul (1978): Die letzten Heimposamenter. Schweizerische Gesellschaft für Volkskunde, Abteilung Film, Reihe: Altes Handwerk, Heft 43. Basel.

[129] Suter, Paul (1988): Wässermatten im Baselbiet. Baselbieter Heimatblätter 53/3, S.339-344.

[130] Suter, Peter (1969): Die Einzelhöfe von Baselland. Quellen und Forschungen zur Geschichte und Landeskunde des Kantons Basel-Landschaft 8, Liestal.

[131] Suter, Peter (1978): Baselbieter Rezepte. Arboldswil.

[132] Sutter, Friedrich (1863): Heimatkunde von Itingen. Handschriftliche Heimatkunden des Kantons Basel-Landschaft, Band 4, Staatsarchiv Basel-Landschaft, Liestal, S. 391-457.

[133] Tanner, Karl Martin (1996): Die Wisenberg-Panoramen von Samuel Birmann (1813) und Peter Schmid-Ruosch (1990). Begleittext zur gleichnamigen Mappe. Quellen und Forschungen zur Geschichte und Landeskunde des Kantons Basel-Landschaft 59, Liestal.

[134] Tanner, Karl Martin (1997): Die Voyage pittoresque de Basle à Bienne von Peter Birmann als Wegweiser bei der Suche nach einem vertieften Landschaftsverständnis. In: Katalog zur Ausstellung Peter und Samuel Birmann – Künstler, Sammler, Händler, Stifter. Kunstmuseum Basel, S. 45-57.

[135] Tanner, Karl Martin & Stefan Zoller (1996a): Zur Veränderung von Landschaftsstrukturen durch Meliorationen, Fallbeispiel Wintersingen (BL). Vermessung, Photogrammetrie, Kulturtechnik 94/3, S. 107-111.

[136] Tanner, Karl Martin & Stefan Zoller (1996b): Zum Ausmass von Landschaftsveränderungen durch Meliorations-Eingriffe. Eine vergleichende Untersuchung in den Gemeinden Wintersingen, Arisdorf und Ormalingen (Kanton Basel-Landschaft). Regio Basiliensis 37/3, S. 155-166.

[137] Thurston, Patrick (1983): Bauen für Segler. Gartenbauamt der Stadt Zürich und Zürcher Kantonalverband für Vogelschutz, Zürich.

[138] Tschudi, Fridolin (1863): Heimatkunde von Diepflingen. Handschriftliche Heimatkunden des Kantons Basel-Landschaft, Band 4, Staatsarchiv Basel-Landschaft, Liestal, S. 119a-190a.

[139] Universität Zürich (1998): unimagazin 4/98. Zürich.

[140] Verkehrsverein Baselland (1948): Chumm ins Baselbiet. Ein illustrierter Führer durch den Kanton Baselland. Liestal.

[141] Vermessungs- und Meliorationsamt des Kantons Basel-Landschaft (1898-1960): Handschriftlich geführte Statistik über die Bodenverbesserungen im Kanton Basel-Landschaft, Liestal.

[142] Vischer, Daniel (1986): Schweizerische Flusskorrektionen im 18. und 19. Jahrhundert. Mitteilungen der Versuchsanstalt für Wasserbau, Hydrologie und Glaziologie 84, Zürich.

[143] Waldner, Regula (1992): Die schleichende Vereinheitlichung der Landschaft durch Aushub- und Bauschuttdeponien im Kanton Baselland. Tätigkeitsberichte der Naturforschenden Gesellschaft Baselland 37, S. 125-140.

[144] Waldwirtschaftsverband beider Basel (1991): Waldleitbild. Aesch.

[145] Weidkuhn, Christoph (1989): Rebberge. In: Imbeck, Paul: Natur aktuell. Quellen und Forschungen zur Geschichte und Landes-

Literaturverzeichnis

kunde des Kantons Basel-Landschaft 32, Liestal, S. 187-192.
[146] Weitnauer, Emil & Bruno Bruderer (1987): Veränderungen der Brutvogel-Fauna der Gemeinde Oltingen in den Jahren 1935-1985. Der Ornithologische Beobachter 84/1, S. 1-9.
[147] Wirth, Max (1871): Allgemeine Beschreibung und Statistik der Schweiz. Band 1, Zürich.
[148] Wunderlin, Dominik (1991): 75 Jahre Verkehrsverein Baselland 1916-1991. Das Baselbiet als Kurgebiet und Ferienland. Anhang zum Jahresbericht für das Jahr 1990 des Verkehrsvereins Baselland, Liestal, S. 16-39.
[149] WWF Schweiz & Pro Natura (1998): Meliorationen als Instrument der Landschaftsaufwertung. Grundsätze und Richtlinien. Zürich und Basel.
[150] Zentralstelle für Obst- und Weinbau des Kantons Basel-Landschaft (1997): Reblandfläche und Weinernte (Statistik). Liestal.
[151] Zoller, Heinrich, Strübin, Susanne & Thomas Amiet (1983): Zur aktuellen Verbreitung einiger Arten der Glatthaferwiese. Botanica Helvetica 93, S. 221-238.
[152] Zwygart, Daniel (1989): Obstgärten. In: Imbeck, Paul: Natur aktuell. Quellen und Forschungen zur Geschichte und Landeskunde des Kantons Basel-Landschaft 32, Liestal, S. 180-187.

Bildnachweis

Fotografien

Die Abkürzungen bedeuten:
BAL   Luftbild/Bundesamt für Landestopographie, Wabern
EAD   Sammlung Kopp/Eidgenössisches Archiv für Denkmalpflege, Bern
Ew   Prof. Dr. Klaus Ewald/Professur für Natur- und Landschaftsschutz, ETH Zürich
Gy   Felix Gysin/Mikrofilmstelle des Kantons Basel-Landschaft, Liestal
Leu   Bildautor?, Repro Gy/Staatsarchiv des Kantons Basel-Landschaft, Liestal, Privatarchiv Dr. Franz Leuthardt
Lt   Roland Lüthi/Professur für Natur- und Landschaftsschutz, ETH Zürich
Lüd   Fotografien vor allem von Karl Lüdin-Jenni (1879-1955)/Fotoarchiv Druckerei Lüdin AG, Liestal
Sei   Fotograf Seiler, Generation unklar/Fotosammlung Seiler, Staatsarchiv des Kantons Basel-Landschaft, Liestal
Sei-jun Arnold Seiler-Rudin (1892-1978)/Fotosammlung Seiler, Staatsarchiv des Kantons Basel-Landschaft, Liestal
Sei-sen Arnold Seiler-Schaub (1864-1927)/Fotosammlung Seiler, Staatsarchiv des Kantons Basel-Landschaft, Liestal
Ta   Dr. Karl Martin Tanner/Professur für Natur- und Landschaftsschutz, ETH Zürich
Wa   Gustav Wackernagel/Archiv Dr. Oliver Wackernagel, Basel
Zo   Dr. Stefan Zoller/Professur für Natur- und Landschaftsschutz, ETH Zürich

Die halbfett hervorgehobenen Ziffern entsprechen den Bildnummern im Buch:
1 BAL, SA 34, Aufn. 3801. **2** BAL, Linie 56, Aufn. 3010. **3** BAL, SA 93, Aufn. 267 und 322. **4** BAL, Linie 51, Aufn. 2944. **5** Ta. **6** Ta. **7** Ta. **8** Ta. **9** Ta. **10** Ew. **11** Ew. **12** Ew. **13** Ta. **14** Lüd. **15** Ta. **16** Lüd. **17** Dr. Markus Kappeler, Hochwald. **18** Ta. **19** Ta. **20** Ta. **21** Ta. **22** Ta. **23** Lt. **24** Zo. **25** Lt. **26** Zo. **27** Lt. **28** Zo. **29** Wa. **30** Fotograf?/Staatsarchiv des Kantons Basel-Landschaft, Liestal, Landwirtschaftsarchiv. **31** Fotograf?/Staatsarchiv des Kantons Basel-Landschaft, Liestal Landwirtschaftsarchiv. **32** Paul Hügli-Hügli/aus: Einwohnergemeinde Brislach (1991), S. 158. **33** Fritz Abt, Bretzwil/Sammlung Ricabeth Steiger, Basel. **34** Fotograf?/Sammlung Hans Schäfer-Rudin, Seltisberg. **35** Sei-sen. **36** Fotograf?, Repro Gy/Mikrofilmstelle des Kantons Basel-Landschaft, Liestal. **37** Wa. **38** Ta. **39** Wa. **40** Wa. **41** Lüd. **42** Gy. **43** Gy. **44** Photo Ochs/Hans Eppens, Denkmalverzeichnis des Kantons Baselland 1941/1942, Denkmalpflege des Kantons Basel-Landschaft, Liestal. **45** Ta. **46** Ta. **47** Ta. **48** Ta. **49** Ta. **50** Ta. **51** Ta. **52** Ta. **53** Leu. **54** Ta. **55** Lüd. **56** Gy. **57** Sammlung Photoglob/Eidgenössisches Archiv für Denkmalpflege, Bern. **58** Ta. **59** Leu. **60** Gy. **61** H. Kühn, Aesch, Repro Gy/Staatsarchiv des Kantons Basel-Landschaft, Liestal, Privatarchiv Dr. Franz Leuthardt. **62** Ta. **63** Ta. **64** Ta. **65** EAD. **66** EAD. **67** Gy. **68** Lüd. **69** Gy. **70** Sei-sen. **71** Sei. **72** Sammlung Photoglob alt/Eidgenössisches Archiv für Denkmalpflege, Bern. **73** Ta. **74** Lüd. **75** Ta. **76** Sei-jun. **77** Sei-jun. **78** Sei-jun. **79** Sei-jun. **80** Sei-jun. **81** Sei-jun. **82** Sei-jun. **83** Photo Kling/Hans Eppens, Denkmalverzeichnis des Kantons Baselland 1941/1942, Denkmalpflege des Kantons Basel-Landschaft, Liestal. **84** Ta. **85** Lüd. **86** Gy. **87** Lt. **88** Zo. **89** Ta. **90** Ta. **91** Lüd. **92** Ta. **93** BAL, SA 30, Aufn. 1919. **94** BAL, Linie 05, Aufn. 3046. **95** BAL, Linie 05, Aufn. 942. **96** BAL, Linie 60, Aufn. 6694. **97** Ta. **98** Ta. **99** Lüd. **100** Gy. **101** Lüd. **102** Gy. **103** Sei-sen. **104** Lüd. **105** Ta. **106** Ta. **107** Ta. **108** Ta. **109** Ta. **110** EAD. **111** Lüd. **112** BAL, Linie 60, Aufn. 6691. **113** Lüd. **114** Gy. **115** Sei. **116** Sei. **117** Ta. **118** Sei. **119** Gy. **120** Wa. **121** Ta. **122** Dr. Walter Schmassmann, Liestal, Repro Gy/Staatsarchiv des Kantons Basel-Land-

Bildnachweis

schaft, Liestal, Privatarchiv Dr. Franz Leuthardt. **123** Tabelle aus dem Tagebuch von Dr. Franz Leuthardt, Staatsarchiv des Kantons Basel-Landschaft, Liestal, Privatarchiv Dr. Franz Leuthardt. **124** Collage von Dr. Markus Kappeler, Hochwald/Zeitungsartikel aus (von oben nach unten): Basler Zeitung vom 25.8.1995, Basler Zeitung vom 20.1.1996, Basellandschaftliche Zeitung vom 13.1.1995, Basellandschaftliche Zeitung vom 17.1.1998, Basler Zeitung vom 24./25.5.1997. **125** Dora Meier-Küpfer, Wenslingen. **126** Ta. **127** Ta. **128** Ta. **129** Lüd. **130** Lüd. **131** Leu. **132** Sei. **133** Ta. **134** Fotograf?/aus: Verkehrsverein Baselland (1948), S. 86. **135** Ta. **136** EAD. **137** Ta. **138** EAD. **139** Gy. **140** BAL, SA 28, Aufn. 1839. **141** BAL, Linie 03, Aufn. 2945. **142** BAL, Linie 04, Aufn. 989. **143** BAL, Linie 64, Aufn. 6662. **144** BAL, SA 9, Aufn. 409 und 410. **145** BAL, Linie 56, Aufn. 2991. **146** Fotograf?/aus: Eidgenössisches Meliorationsamt (1947), S. 214. **147** Fotograf?/aus: Eidgenössisches Meliorationsamt (1947), S. 214. **148** Ta. **149** Ta. **150** Lüd. **151** Gy. **152** Wa. **153** Leu. **154** Ta. **155** Sammlung Photoglob alt/Eidgenössisches Archiv für Denkmalpflege, Bern. **156** Fotograf?/aus: Wunderlin (1991), S. 33. **157** Lüd. **158** Ta. **159** Lüd. **160** Ta. **161** Ta. **162** Ta. **163** Ta. **164** Ta. **165** Ta. **166** EAD. **167** Gy. **168** EAD. **169** Gy. **170** Lüd. **171** Ta. **172** EAD. **173** Gy. **174** Sei. **175** Gy. **176** BAL, SA 8, Aufn. 334. **177** BAL, Linie 64, Aufn. 6664. **178** Lüd. **179** Lüd. **180** Ta. **181** Lüd. **182** Ta. **183** EAD. **184** Ta. **185** Lüd. **186** Ta. **187** Jacques Weiss/Hans Eppens, Denkmalverzeichnis des Kantons Baselland 1941/1942, Denkmalpflege des Kantons Basel-Landschaft, Liestal. **188** Ta. **189** Jacques Weiss/Hans Eppens, Denkmalverzeichnis des Kantons Baselland 1941/1942, Denkmalpflege des Kantons Basel-Landschaft, Liestal. **190** Ta. **191** EAD. **192** Ta. **193** Ta. **194** Ta. **195** Sei. **196** Sei. **197** Lüd. **198** Ta. **199** Lüd. **200** Ta. **201** Sei. **202** Sei-sen. **203** Lüd. **204** Ta. **205** Sei-sen. **206** Sei. **207** Ta. **208** Ta. **209** Lüd. **210** Lüd. **211** Lüd. **212** Ta. **213** Lüd. **214** Ta. **215** Bruno Kugler/Hans Eppens, Denkmalverzeichnis des Kantons Baselland 1941/1942, Denkmalpflege des Kantons Basel-Landschaft, Liestal. **216** Gy. **217** Sei-jun. **218** Ta. **219** Fotograf?/Tiefbauamt des Kantons Basel-Landschaft. **220** Ta. **221** Lüd. **222** Ta. **223** Ta. **224** Lüd. **225** Gy. **226** Lüd. **227** Gy. **228** Lüd. **229** Ta. **230** BAL, SA 8, Aufn. 312 und 315. **231** BAL, Linie 60, Aufn. 6685. **232** Sammlung Photoglob/ Eidgenössisches Archiv für Denkmalpflege, Bern. **233** EAD. **234** Ta. **235** Lüd. **236** Ta. **237** Ta. **238** Ta. **239** Lüd. **240** Gy. **241** Lt. **242** Zo. **243** Sei. **244** Lüd. **245** Ta. **246** Photo Hoffmann/Hans Eppens, Denkmalverzeichnis des Kantons Baselland 1941/1942, Denkmalpflege des Kantons Basel-Landschaft, Liestal. **247** Gy. **248** Lüd. **249** Gy. **250** Sei-jun. **251** Ta. **252** EAD. **253** Gy. **254** Lüd. **255** Ta. **256** Lüd. **257** Gy.

Karten

Alle Kartenausschnitte werden reproduziert mit Bewilligung des Bundesamtes für Landestopographie vom 5.8.1999.

1. Ausschnitt aus der Siegfried-Karte 1:25'000, Blatt 7 Therwil, Ausgabe 1877.
2. Ausschnitt aus der Landeskarte 1:25'000, Blatt 1067 Arlesheim, Ausgabe 1994.
3. Ausschnitt aus der Landeskarte 1:25'000, Blatt 1088 Hauenstein, Ausgabe 1955.
4. Ausschnitt aus der Landeskarte 1:25'000, Blatt 1088 Hauenstein, Ausgabe 1970.
5. Ausschnitt aus der Landeskarte 1:25'000, Blatt 1088 Hauenstein, Ausgabe 1955.
6. Ausschnitt aus der Landeskarte 1:25'000, Blatt 1088 Hauenstein, Ausgabe 1994.
7. Ausschnitt aus der Siegfried-Karte 1:25'000, Blatt 8 Muttenz, Ausgabe 1879.
8. Ausschnitt aus der Siegfried-Karte 1:25'000, Blatt 8 Muttenz, Ausgabe 1928.
9. Ausschnitt aus der Landeskarte 1:25'000, Blatt 1067 Arlesheim, Ausgabe 1956.
10. Ausschnitt aus der Landeskarte 1:25'000, Blatt 1067 Arlesheim, Ausgabe 1994.

Dank

Die Arbeiten zu diesem Buch haben vor mehr als zwölf Jahren begonnen. Auf dem langen Weg wurde mir von zahlreichen Personen Hilfe gewährt: *Prof. Dr. Klaus Ewald* von der Professur für Natur- und Landschaftsschutz der ETH Zürich begleitete mein Unterfangen als Freund und Vorgesetzter besonders mit wertvollen Gesprächen. Er verfasste auch das Vorwort. In den letzten Monaten stellte er mich von vielen Aufgaben frei. *Felix Gysin* von der Mikrofilmstelle des Kantons Basel-Landschaft hat mich von Anfang an in allen fotografischen Belangen grossartig unterstützt. Er führte mich zu alten Fotobeständen und sammelte mit mir auf vielen Touren Erfahrungen beim Wiederholen der Bilder. *Dr. Markus Kappeler*, Hochwald, plante die umfangreiche Gestaltung des Buchs und erstellte die gesamte Druckvorstufe. Vor allem die Bearbeitung der historischen Bilder war sehr aufwändig. Er hat ausserdem die Texte nicht nur abgesetzt, sondern sie auch fachlich kompetent lektoriert. Neben der grossen Arbeit liess er mir manche freundschaftliche Aufmunterung zukommen. *Martin Lobsiger* von der Professur für Natur- und Landschaftsschutz der ETH Zürich fertigte die Grafiken an. Dabei umschiffte er in souveräner Weise zahlreiche Klippen. Vielfältige Hilfe erfuhr ich durch meine Eltern, *Dr. Karl und Vroni Tanner*, Seltisberg, und meinen Schwiegervater, *Dr. Alfred Hosch*, Basel. Insbesondere suchten sie mit mir im Gelände zahlreiche Standorte für die Fotowiederholungen auf. *Marc Fürst* von der Professur für Natur- und Landschaftsschutz der ETH Zürich erstellte das Register. Die Kommission «Quellen und Forschungen» nahm das Buch in ihre Reihe auf; *Dr. Kaspar Rüdisühli*, Binningen, besorgte die Redaktion, und der Leiter des Verlags des Kantons Basel-Landschaft, *Max Zoller*, betreute die Herausgabe. *Franz Bürgin* von der Druckerei Lüdin AG, Liestal, begleitete die speditive Drucklegung. Allen diesen Personen danke ich an erster Stelle für ihre grosse Hilfe.

Die folgenden Personen und Institutionen haben mir eine grössere Anzahl Bilder zum Abdruck überlassen, wofür ihnen gedankt sei: Archiv der Druckerei Lüdin AG, Liestal: *Mathis Lüdin*, *Caroline Vuille*; Denkmalpflege des Kantons Basel-Landschaft, Liestal: *Brigitte Frei*, *Markus Billerbeck*; Eidgenössisches Archiv für Denkmalpflege, Bern: *Ernst Moser*, *Jeannette Frey*; Staatsarchiv des Kantons Basel-Landschaft, Mikrofilmstelle; Fotoarchiv von *Dr. Oliver Wackernagel*, Basel. Von der Professur für Natur- und Landschaftsschutz der ETH Zürich erhielt ich die Erlaubnis zur Publikation der Fotografien von *Roland Lüthi* (Münchenstein) und *Dr. Stefan Zoller* (Zürich). Das Bundesamt für Landestopographie, Wabern, erteilte die Bewilligung zum Abdruck der Kartenausschnitte und der Luftbilder.

Einzelne Bilder beziehungsweise Hilfe bei deren Beschaffung oder fachliche Unterstützung erhielt ich in dankenswerter Weise von *Walter Abt-Straumann*, Sissach, *Christian Gilgen* (Forst-

Dank

amt beider Basel), *Hans Kündig*, Pratteln, *Dora Meier-Küpfer*, Wenslingen, *Hans Schäfer-Rudin*, Seltisberg, *Daniel Scheidegger*, Liestal, *Ricabeth Steiger*, Basel, *Alex Rudin* (Verkehrsverein Baselland).

Den folgenden (ehemaligen und gegenwärtigen) Mitarbeiterinnen und Mitarbeitern an der Professur für Natur- und Landschaftsschutz der ETH Zürich danke ich für verschiedene Hilfeleistungen: *Dr. Hans-Caspar Bodmer, Dr. Thomas Coch, Beatrice Miranda, Ruth Rupp, Karin Schneider, Walter Sonderegger, Beat Trachsler, Michael Umbricht, Thomas Walter, Tany Zürrer.*

Zu danken habe ich auch allen Personen (deren Namen ich zum Teil nicht kenne), welche mir zum Fotografieren Zutritt auf ihre Grundstücke oder in ihre Wohnungen gewährten.

Für namhafte finanzielle Unterstützung danke ich dem Lotteriefonds Basel-Landschaft, der Professur für Natur- und Landschaftsschutz der ETH Zürich, der Arbeitsgemeinschaft für Natur- und Heimatschutz Baselland (ANHBL) und ihrem Präsidenten, *Dr. Martin Dick*, Basel, und der Stiftung Dr. Joachim de Giacomi der Schweizerischen Akademie der Naturwissenschaften. Ausserdem danke ich allen Gemeinden, Firmen und Vereinen, welche mit einer Spende aus Anlass des fünfzigjährigen Jubiläums der ANHBL die Herstellung des Buchs unterstützt haben.

Abschliessend gilt ein spezieller Dank meiner Frau *Monika* und den Kindern *Regina*, *Niklaus* und *Simon*. Sie haben zahlreiche Entbehrungen mit Nachsicht hingenommen. Gerne denke ich an ihre Begleitung auf vielen zweckgebundenen Fotoausflügen zurück.

Karl Martin Tanner
(Oberassistent an der Professur für Natur- und Landschaftsschutz,
ETH Zentrum, 8092 Zürich; privat: Hauptstrasse 28, 4411 Seltisberg)

Register

A

Acker 21, 26f, 60ff, 74, 83, 91, 98ff, 114, 225, 248
Ackerbau 15, 59, 70, 100, 134
Altholzfläche 158
Anbauschlacht 16, 75, 84f
Anwil 20f
Arboldswil 162
Arisdorf 90ff, 100, 136f
Arlesheim (Bezirk) 25, 40, 169f, 172, 250
Arlesheim 220f
Auen 114, 144, 221
Aufforstung 141, 147ff, 151
Augst 133, 209
Ausbreitungsbarriere 39, 133
Ausrottung 122f
Aussicht 96, 111, 153, 161ff
Aussiedlerhof 36f
Autobahn 18, 132ff, 141, 148

B

Bachausdolung 19, 114, 124, 126
Bahndamm 127f
Bahnlinie 112
Baumgarten 74, 77, 89, 96 102, 171, 225, 227, 244
Bauzone 52, 77, 82, 97, 103, 171, 197f, 219, 227
Bennwil 35
Betonmauer 109
Bevölkerungswachstum 169
Bewässerung 50, 52, 224
Biel-Benken 52
Binningen 206f
Biologischer Landbau 16, 70
Blauen 142f
Blockwurf 121f
Blumenwiese 68
Bodenbewirtschaftung 59ff
Bodenverbesserung 16, 33
Böschung 38f, 129, 133, 225
Bottmingen 237
Brachland 26, 60
Brennholz 154, 159, 195
Brennstoff 139, 150, 195
Bretzwil 42, 192f, 222
Brislach 42, 211
Bruchsteinabbau 30
Bruchsteinmauer 26, 109, 225
Brücke 113, 116, 127f, 208f
Bubendorf 76f, 227
Buckten 166, 232f
Buntbrache 61, 70
Bünten 74ff, 81f, 89, 96, 102, 171, 225, 227, 244
Buus 146f

D

Deponie 28f
Diegten 33, 134f, 159
Diegtertal 134f
Diepflingen 50, 76, 131
Dittingen 72f
Doline 18, 26, 28
Drainage 18f, 24ff
Dreifelderwirtschaft 34f, 60, 65, 68, 74, 88
Düngung 16, 31, 50ff, 62, 188, 232, 248
Durchforstung 155, 231

E

Eindolung 177, 233
Eisenbahn 88, 101, 127ff, 132, 139, 173f, 202, 220f
Elektrizität 79, 189, 195, 224
Entwässerung 16, 18f, 24ff
Eptingen 132, 148, 159, 161, 202
Erosion 114, 116, 120, 126
Ertragssteigerung (Landwirtschaft) 50ff, 85
Ettingen 234

Register

F

Fahrzeugbestand (Personenwagen) 133
Feldgehölz 18, 26, 33, 141, 143f
Feldscheune 35
Feldweg 26, 34, 38f, 112, 136f
Femelschlag 159
Fettwiese 54
Feuchtstelle 26
Fischotter 122f
Fliessgewässer 18, 26, 112ff, 176, 190, 226, 232, 234
Flurzwang 34f, 60, 63, 127
Frenkendorf 96f, 156f, 204f
Fuhrwerk 131, 189, 196, 203, 208
Füllinsdorf 106, 115, 117, 120, 187

G

Gas 25, 79, 195f, 198, 224
Geländestufe 19, 26f
Gemüsebau 74ff, 84ff, 248
Getreideanbau 62f, 77, 104, 130
Getreideernte 44f, 65, 130
Gewässerkorrektion 117ff
Gewässerverbauung 113, 117, 120ff
Gewerbe 212ff, 250
Gleisanlagen vgl. Eisenbahn
Grellingen 69, 112, 122
Grube 18, 26, 29ff, 95, 175
Güterzusammenlegung 16, 18f, 21, 23, 175

H

Häfelfingen 126, 153, 184
Hanf 75f
Hecke 18, 26, 33, 57, 83, 112, 143, 225, 227
Heimat 7, 245
Hemmiken 24f
Heuernte 46ff
Heuschober 35

Hochstammobstbäume 88, 91, 98, 244
Hochstaudenflur 26
Hochwald 150, 152f, 155, 159f
Hochwasserschutz 148
Hölstein 27, 189, 202f
Holznutzung 150ff
Holzschlag 159f
Holzvorrat 150f, 249
Holzzuwachs 151
Homburgertal 213
Horizont 111f

I

Industrialisierung 171, 197
Intensivierung (Landwirtschaft) 15ff
Intensivobstanlage 89, 91, 98ff
Itingen 223

J

Jauche 51, 53

K

Kahlschlag 150f, 154
Kartoffel 41, 61, 63, 69, 77, 248
Kies 30ff, 114, 116, 175
Kilchberg 202
Kleinbauer 74, 84, 212
Kleinhandwerker 191, 196
Kopfweide 26, 126
Krautsaum 19, 38, 225
Kuhgespann 42f
Kulturlandschaft 27, 37, 70, 100, 107f, 145, 228, 245

L

Lampenberg 45, 52, 62f, 68, 152
Landschaftsbild 23, 38, 61, 68, 134, 186, 203, 224
Landschaftsverträglichkeit 187, 223
Landwirtschaftliche Bauten 34ff
Landwirtschaftliche Fahrzeuge 18, 40ff, 53f, 95, 247
Landwirtschaftsfläche 17, 27, 135, 247
Langenbruck 29, 39, 45ff, 53, 55, 82f, 121, 148f, 158
Läufelfingen 66f, 114, 128, 144, 154f
Laufental 71
Lausen 30, 53, 123, 187
Lauwil 54, 86, 145, 160
Lesesteinhaufen 26f
Liedertswil 202
Liesberg 71
Liestal (Bezirk) 15, 25
Liestal 31, 39, 43, 78ff, 96f, 106f, 109, 115f, 118f, 121, 128ff, 159, 165, 167, 187, 190f, 194, 196ff, 202, 208, 210, 216ff, 224, 228f, 231, 235

M

Magerstandort 62, 73, 75, 129, 145
Mais 61, 68f, 248
Mechanisierung 16, 54
Melioration 16, 18ff, 34, 36, 38f, 50, 94, 114, 136
Mergel 30, 32, 51, 95
Mist 51, 53f, 176, 188, 190, 204
Mittelwald 150, 159f
Monokultur 61, 68, 145, 159
Münchenstein 122, 125, 220f
Muttenz 174ff

N

Nachhaltigkeitsprinzip 150f
Nebenerwerbslandwirtschaft 74ff
Nenzlingen 142f
Niederdorf 64f, 238f
Niederwald 150, 152ff, 158ff
Nusshof 35

Register

O

Oberdorf 104f, 214f
Oberwil 52, 123, 178f
Obstbau 37, 64, 67, 78, 88ff, 98, 102, 104, 107, 137, 226f, 230, 239, 248
Ödland 26, 226
Ökologischer Ausgleich 33, 61, 70, 89
Oltingen 18, 23, 34, 50

P

Parzelle 18ff, 22f, 104, 108, 247
Pfeffingen 100, 163
Pferd 40f, 131, 247
Pflanzenschutzmittel 16, 50ff, 88, 100
Pflanzung 33, 159
Posamenterei 15, 74f, 84, 189, 212f
Pratteln 173

R

Ramlinsburg 70, 101
Rationalisierung 16, 19, 23, 45, 59, 159
Raumplanung 75, 171, 173, 179, 187
Reben 78f, 101ff, 141, 249
Reigoldswil 44, 92f, 122, 164, 201
Rekultivierung 109
Renaturierung 33, 114, 124f
Rickenbach 182f
Rodung 22, 26, 72f, 141f, 144, 147f
Rohstoff 29, 32, 139
Röschenz 22f
Rothenfluh 194
Rümlingen 131
Rünenberg 41

S

Seidenbandweberei vgl. Posamenterei
Selbstversorgung 74, 88
Seltisberg 108f, 195

Siedlungsband 171, 180
Siedlungsökologie 226
Siedlungsraum 43, 115, 135, 169ff, 190, 218, 225ff, 236, 238, 245
Siedlungswachstum 97ff, 178
Siedlungswald 226, 230f, 237
Sissach (Bezirk) 15, 25
Sissach 32, 87, 98f, 114, 129, 181, 202, 211
Spechtbaum 158
Steinbruch 30
Steuerertrag 170, 249
Stockausschläge 154f, 158
Strassen 127, 131ff, 189ff, 226, 233, 235, 239
Streuobst 89, 95, 98, 107
Streusiedlung 171ff
Strohdach-Haus 194
Sumpfgebiete 26

T

Tabak 75, 87
Tecknau 145
Teerung 34, 39, 191
Telefon 198, 202, 250
Terrassierung 27, 103
Therwil 34, 52, 241ff
Thürnen 180f
Ton 25, 31f
Totholz 158

U

Übernutzung (Wald) 140
Überschwemmung 113
Ufergehölz 33, 114ff
Umtriebszeit 150ff

V

Verbrachung 79

Verbuschung 51, 129, 143
Vergrünlandung 62f, 68
Vielfalt (landschaftliche, biologische) 22f, 28f, 69, 105, 114, 124, 134, 158, 225, 237, 244

W

Wahlen 224
Wald 139ff
Waldbegriff 141
Waldenburg (Bezirk) 25, 172, 250
Waldenburg 114, 158
Waldenburgerbahn 129, 203
Waldenburgertal 62ff, 152, 214
Waldfläche 141ff
Waldfunktionen 140
Waldrand 22, 51, 57, 112, 141, 143, 152
Waldweg 151, 159
Waldweide 60, 140, 145
Wasserbauwesen 117
Wässermatten 51f, 60, 114, 224
Weide 51, 59ff, 71ff, 101, 114, 141, 248
Weidwall 145
Weiher 26, 31
Wenslingen 23, 28, 84
Wiesenbach 19, 126
Wildschwein 69
Wintersingen 26, 36ff, 94, 230, 236
Wittinsburg 27, 87, 144, 185
Witweide 145
Wurzelstock 95, 144, 150

Z

Zeglingen 186
Ziefen 102f, 129, 188, 201
Ziegelherstellung 31
Zugtiere 40ff
Zunzgen 212
Zwingen 222, 227